Tarot

Una guía básica para principiantes sobre la lectura psíquica del tarot, los significados de las cartas del tarot, la tirada del tarot, la numerología y la astrología

Índice

INTRODUCCIÓN 1

CAPÍTULO 1: HISTORIA DEL TAROT 3

CAPÍTULO 2: EL ARTE DEL TAROT... 8

CAPÍTULO 3: LAS CARTAS 17

CAPÍTULO 4: LAS TIRADAS DEL TAROT 63

CAPÍTULO 5: EJERCICIOS Y POTENCIADORES CEREBRALES......... 78

CAPÍTULO 6: EXTENSIONES DEL TAROT............................... 89

CAPÍTULO 7: IR MÁS ALLÁ DEL MAZO 104

CONCLUSIÓN 111

Introducción

¿Usted siempre se ha interesado en el tarot, pero no sabía por dónde empezar? ¿Se ha preguntado si era psíquico y no tenía forma de probarlo? ¿Usted ha tenido una baraja de tarot en su estante durante años que no ha tocado porque no estaba seguro? Si ha respondido "sí" a alguna de estas preguntas, ¡este libro es el indicado para usted!

Bienvenido a *Tarot: una guía básica para principiantes sobre la lectura psíquica del tarot, los significados de las cartas del tarot, las tiradas del tarot, la numerología y la astrología*. Bienvenido y felicidades por descargar este libro. No se arrepentirá de hacerlo, ya que las siguientes páginas están llenas de información que usted puede usar no solo para entender el tarot ¡por fin!, sino para cambiar literalmente su vida.

El libro comenzará con un examen de la historia de las cartas del tarot y su uso a lo largo del tiempo en el capítulo 1, antes de entrar en el arte del tarot en el capítulo 2. En ese segundo capítulo, usted aprenderá cómo conectarse con su intuición, cómo elegir un mazo y cuáles son los pros y los contras del tarot.

El capítulo 3 le presenta las 78 cartas del mazo de tarot antes de brindarle algunos consejos y trucos para memorizarlas. El capítulo 4 revela 20 tiradas diferentes que usted puede usar para sus propias lecturas de tarot, y el capítulo 5 proporciona 10 ejercicios y refuerzos cerebrales para su práctica, así como 3 consejos generales para el comercio de tarot.

El capítulo 6 demuestra cómo el tarot está íntimamente relacionado con la numerología y la astrología; luego, el capítulo 7 revela un método que usted puede usar para que el tarot sea parte de su carrera en el futuro. Al final de este libro, usted debe sentir que ha recibido toda la información que necesita para poder leer las cartas del tarot para usted y para otros. ¡Debe sentirse con confianza psíquica y listo para conquistar el mundo!

Si bien hay varios libros sobre el tarot en el mercado hoy en día, su elección de descargar este, merece mi eterna gratitud. ¡Gracias desde el fondo de mi corazón! Espero que *Tarot: una guía básica para principiantes* le brinde todo lo que desea y más. ¡Disfrute de la experiencia y recuerde mantener su corazón y su mente abiertos a todo lo que el tarot quiera enseñarle!

Capítulo 1: Historia del Tarot

El tarot es esencialmente un juego de cartas diseñado para contar fortunas y revelar el futuro. Sin embargo, ¡no comenzó de esa manera! Al principio, el tarot era simplemente un mazo de cartas para jugar juegos de cartas socialmente. Al principio, las barajas de tarot solo se componían de esas 56 cartas originales, y no eran como las de hoy.

En los primeros días del tarot, la baraja era bastante simple. Sin ninguna sección de Arcanos Mayores, solo estaban las cartas de la corte / cara y las 40 cartas restantes del mismo palo, con cada palo contando as-10. Los primeros días del tarot probablemente tampoco fueron tan antiguos como usted podría pensar. Los inicios del tarot se sitúan a finales del siglo XIV y principios del XV.

La práctica del Tarot en el Tiempo

Si bien muchas culturas antiguas seguramente tenían sus propios medios de adivinación, es poco probable que el mazo de tarot real de hoy haya existido en algún lugar a lo largo del tiempo, excepto a principios del siglo XV. No hay pruebas arqueológicas de esta conexión, y prácticamente no tenemos pruebas históricas de la existencia del tarot a menos que miremos a Europa alrededor del siglo XV.

A pesar de esta historia concreta, que coloca los primeros mazos de tarot lanzados y jugados como un juego de cartas, no como una herramienta de adivinación, alrededor de 1375, es posible que los antiguos misterios y arquetipos revelados especialmente por las cartas de los Arcanos Mayores, los cuales no se agregaron a la baraja hasta alrededor de 1450, se hayan transmitido de culturas antiguas de todo el mundo.

Los símbolos en el tarot parecen más antiguos que el tiempo mismo. Quizás es por eso que la gente especula libremente sobre que el tarot es más viejo de lo que la historia puede probar. Probablemente por eso las personas en todo el mundo pueden relacionarse con las cartas. Los símbolos nos hablan de maneras en que a menudo no podemos poner palabras, y esa es la esencia de la adivinación. Sin embargo, curiosamente estas imágenes en las cartas de Arcanos Mayores y Menores se agregaron al mazo mucho más tarde.

Ya hemos explicado cómo la sección de Arcanos Mayores del mazo llegó más tarde, alrededor de 1450, a diferencia de cuando se inventó el tarot, alrededor de 1350. Sin embargo, es útil explicar un poco más esta historia. El tarot se jugó originalmente como un juego de salón llamado Triumph que era similar a Bridge hoy, y ese juego no tenía absolutamente ninguna intención de adivinación. Sin embargo, con un creciente interés en la adivinación en Europa a principios del siglo XVII, la gente comenzó a asociar sus propios significados mucho más profundos a las cartas.

En este momento, el mazo consistía en una sección detallada de Arcanos Mayores con una sección de Arcanos Menores mucho más simple, y las cartas de la corte / cara podrían haber sido hermosas, pero las cartas de pip o menores (numeradas as-10) habrían sido extremadamente simples con solo las copas, espadas, bastos y oros, nada más. Incluso a comienzos del siglo XIX, el mazo todavía era increíblemente simple, sin muchos adornos en esas cartas, pero la gente estaba mucho más fascinada con el tarot como medio de adivinación que cualquier otra cosa en este momento.

De hecho, el primer mazo de tarot solo de adivinación fue diseñado y lanzado en el mercado europeo por Jean-Baptiste Alliette en 1791. Este ocultista francés desarrolló ampliamente las imágenes de los Arcanos Mayores y las cartas de la corte / cara, pero no así las cartas de pip o menores. No fue sino hasta comienzos del siglo XX que un seguidor de la filosofía de Aleister Crowley, Arthur Waite, se unió a la colega ocultista y artista Pamela Colman Smith para diseñar las cartas como las conocemos hoy. En este punto, el tarot obtuvo sus primeras influencias claramente americanas, y el estudio del tarot aumentó en popularidad, lo que le permitió extenderse por todo el mundo como si fuese un incendio forestal.

Waite insistió en la importancia de incluir personas e imágenes en las barajas menores, así como en todas las demás, para darle a los lectores de barajas en casa algo más elaborado para trabajar en esas cartas básicas anteriores. La obra de arte de Smith finalizó, y la baraja se lanzó al mundo bajo el nombre de la baraja Rider-Waite, aunque algunos todavía la llaman la baraja Waite-Smith como reconocimiento a la propia artista.

Debate sobre los Orígenes

Hay leyendas que dicen que la primera baraja de tarot se originó en el antiguo Egipto. Las teorías populares de finales del siglo XVIII tienden a respaldar esta afirmación, pero no hay mucha historia real detrás de esta conexión. Fue en 1781, cuando un francés llamado Antoine Court de Gebelin reclamó esta conexión egipcia antigua a través de un artículo que había publicado. Estaba convencido de que las imágenes en las cartas de los Arcanos Mayores fueron tomadas directamente de la mitología y cosmología del antiguo Egipto. Incluso, afirmó que la Iglesia católica y los papas sabían de esta conexión milenaria y que querían desesperadamente mantenerla oculta. Por supuesto, la gente en ese momento amaba esta historia, y a pesar de su falta de antecedentes históricos, la compraron completamente.

Otras leyendas dicen que la baraja del tarot se originó en la cultura gitana. Las personas ven las imágenes místicas en las cartas y las asocian con la excentricidad y el ocultismo que esperan estereotípicamente de los gitanos a lo largo del tiempo. La cultura popular tampoco ha ayudado con estos estereotipos. Hay representaciones frecuentes en películas de gitanos con barajas de tarot o de ellos simplemente leyendo la fortuna de las personas. Aunque los gitanos seguramente tenían sus propios estilos nómadas / indígenas de magia y adivinación de la tierra, estaban asociados con barajas de tarot probablemente porque alguien recogería una baraja de cartas de salón y luego le daría un significado propio. De lo contrario, el tarot no hubiera sido tan accesible para los gitanos a menos que alguien hubiera hecho su propio mazo desde cero.

Otras leyendas cuentan que la baraja del tarot se originó de la práctica judía cabalística. Los símbolos de los Arcanos Mayores coinciden con el mismo número que los caminos a seguir en el Árbol de la Vida de la Cabalá. Hay 22 de cada uno, y los símbolos se alinean casi a la perfección. A la gente le encanta especular que las imágenes y el simbolismo deberían estar alineados porque estas cartas fueron diseñadas por primera vez por estas personas, pero esa corazonada histórica es increíblemente difícil de probar. Es mucho más probable que el aumento del interés ocultista en Europa a principios del siglo XX, influyera en los artistas del mazo de tarot y, por lo tanto, en el aspecto de las cartas, para crear mazos que parecieran haber infundido más secretos cabalísticos todo el tiempo. Seguramente, por esta época, el misticismo hermético también se deslizó hacia los mazos, y el simbolismo, la mitología y la cosmología egipcias ya se habían infundido en los mazos casi un siglo antes.

Incluso, hay leyendas que dicen que la baraja del tarot se originó alrededor de una época menos antigua, la de los cátaros, aproximadamente en 1.150. Los cátaros eran una secta practicante del cristianismo que creía que el catolicismo romano adoraba a los ídolos y tenía creencias impuras sobre su propio poder. Practicaron una secta mucho más ortodoxa del cristianismo, pero también estaba de alguna manera más alineada con lo que hoy vemos como "oculto". Estos cátaros creían en la reencarnación, la práctica de rituales y los antiguos misterios de esta Tierra. Algunas personas, por lo tanto, piensan que los cátaros pueden haber producido las primeras imágenes de las cartas de los Arcanos Mayores, aunque, en realidad, esas cartas no se produjeron hasta unos tres siglos después.

Las barajas del tarot no son tan auténticas y antiguas como alguna vez pensamos. Resulta que también han sido alteradas y adaptadas en gran medida con el tiempo, lo cual es quizás una parte de por qué su origen exacto es tan difícil de identificar. Además, las imágenes del tarot son conmovedoras y sus significados simbólicos son omnipresentes, atravesando barreras lingüísticas y culturales para expresar verdades sobre la humanidad en su conjunto. El tarot ciertamente se percibe como antiguo. Hubiera creído que el tarot surgió del antiguo Egipto si alguien en quien confiara insistiera en que fue así, pero es por eso que es muy importante que usted haga su propia investigación.

Rastrear los orígenes exactos del mazo del Tarot es complicado. Es un proceso envolvente como tratar de escapar de un laberinto. Cuanto más crea saber, más dudas tendrá. Sin embargo, independientemente de dónde y cuándo surgió el tarot, hoy está aquí para nosotros, y sus capacidades para ayudarnos son amplias. Hay muchas posibilidades en cuanto al diseño de las cartas. Actualmente, usted puede obtener muchos consejos diferentes de mazos. Además, usted puede tomar clases para aprender más sobre el tarot, tanto en línea como en persona. Puede descargar aplicaciones en sus dispositivos dedicadas al tarot para que pueda aprender sobre la marcha. Casi no importa de dónde vino el tarot porque es claramente un trabajo constante en progreso que se fortalece, mejora y adapta a lo largo del tiempo. Agradezca que el tarot está aquí para usted hoy, relájese y siéntase respaldado por este conocimiento, tome una baraja de cartas del tarot cercana y deje que se conecten con su destino.

Capítulo 2: El Arte del Tarot

Independientemente de la edad que tenga exactamente, el tarot es un arte adivinatorio que utiliza símbolos, números y conexiones con el inconsciente colectivo para expresar su significado. Está diseñado como un palo de cartas con 78 cartas, en comparación con el mazo estándar de 52 cartas. Tampoco se juega como una baraja de cartas estándar. El tarot se basa en antiguos misterios para establecer su verdad visual, y al organizar las cartas de una manera determinada, puede recibir información sobre sus problemas o enfermedades, y puede obtener mensajes de su ser superior y del universo.

Conectando con la Intuición

La lectura de la carta del tarot tiene mucho más que ver con conectarse con uno mismo que con adivinar la verdad inherente de las cartas. Las cartas siempre contienen las mismas imágenes y los mismos significados básicos, pero al barajar e interrogar intencionalmente el mazo, las cartas se agrupan en arreglos que revelan verdades profundas y duraderas que resonarán solo para el consultante. Sin embargo, debe enfatizarse que las cartas no son las entidades que tienen poder con el tarot, y tampoco lo es el consultante, la persona para la que usted está echando cartas. El lector de las cartas es esa entidad, y su yo superior es el centro de ese poder.

Cuando usted decida que está listo para aceptar el tarot y comenzar a leer las cartas, recuerde esta verdad a medida que avance. No importa necesariamente qué mazo elija, ya que es mucho más importante cómo usted usa las cartas de cualquier mazo. Use el mazo con fines de curación y crecimiento, y nunca le haga daño a nadie. Ciertamente hay rumores de que el tarot es malo, impío o que invita a espíritus que pueden lastimarlo. Ahora se puede decir firmemente que el tarot no se trata de eso. El tarot es simplemente sobre el lector de las cartas conectadas con su yo superior en un esfuerzo por responder preguntas y sanar.

Cuando usted participe en sus propias lecturas de las cartas, recuerde la importancia de su intuición, ya que es su canal directo hacia su ser superior. Si alguna vez siente que algo que he escrito no concuerda con su intuición, ¡no se obligue a aceptarlo! Su intuición es su verdad más elevada, y es mucho más valiosa para usted que mis palabras. Si realmente tiene esta experiencia con alguna guía o asociación que aclare, tome nota en su propio diario de tarot o en las páginas de este libro si ha elegido imprimirlo. Mantenga un registro de estas ideas, ya que serán infinitamente útiles para usted, tanto ahora como en el futuro.

Elija su mazo

Elegir su mazo es uno de los momentos más divertidos, aunque a veces estresantes, para el practicante principiante de tarot. Ciertamente hay un gran número para elegir. Si usted está buscando mazos en línea, probablemente haya cientos de opciones. Si usted está buscando en su librería local o tienda metafísica, hay muchas opciones también, pero con suerte no tantas. Mientras realiza su elección, siga las pautas a continuación para obtener ayuda.

¿Cómo usar su intuición?

Recuerde que su intuición es su conexión inherente con su ser superior. Mientras usted se esfuerza por elegir un mazo de tarot, es esencial que aprenda a dejar que su intuición sea su guía. Ya sea que compre en línea o en persona, intente este ejercicio para aplicar su intuición a la tarea:

> Reúna 3-4 barajas de tarot potenciales que realmente le gusten. Mantenga las opciones en la mano, o en su carrito de compras real o virtual. Siéntese con estas opciones por un tiempo e intente conectar su mente pensante. Intente entrar en un estado meditativo a medida que tome sus opciones y rechace cualquier elección basada en la lógica. Usted debe tratar de que la opción surja de forma totalmente natural como si siempre hubiera sido su verdad.

Opciones Psíquicas

Si usted tiene problemas para usar su intuición, puede ir un paso más allá para ver cuál sería su elección psíquica. Puede parecer contrario a la intuición el hecho de que hacer una elección psíquica sería más fácil que hacer una elección intuitiva, pero el truco en este caso son sus ojos. Cuando usted trabaje a través de la intuición, mantenga los ojos abiertos para que use alguna parte de su mente para hacer la selección. Es importante que luche por lo que es lógico versus lo que es más profundo, más verdadero y emocional.

Sin embargo, cuando usted trabaja a través del potencial psíquico, debe tener los ojos 100% cerrados. Cierre su cuerpo físico a cualquier influencia, y deje que sus poderes psíquicos guíen su elección. Nuevamente, este método funciona tanto para compras en la tienda como en línea. En caso de que compre en línea, reúna todos los artículos potenciales en su "carrito de compras", cierre los ojos, gire varias veces si puede y luego señale el mazo que debe ser suyo. Abra los ojos al final para ver cuál seleccionó.

Tipos de Mazos

Hay tantos tipos diferentes de mazos que es casi abrumador acercarse. Para su comodidad, será útil saber que algunos mazos son específicamente mazos de tarot, mientras que otros dirán que son "mazos de Oracle". Estos mazos de Oracle son totalmente diferentes. Mientras que el tarot tiene 78 cartas, divididas entre 22 Arcanos Mayores y 56 Arcanos Menores, los mazos de Oracle pueden tener cualquier cantidad de cartas, y cada una es como su propia carta de Arcanos Mayores con temas y significados impresionantes. Además, no hay cartas de la corte / cara, y no hay cartas "pip" numeradas (como 4 de Bastos, 8 de Copas, etc.) en un mazo de Oráculo. En general, sugiero que se mantenga alejado de los mazos de Oracle si realmente quiere trabajar con el tarot, aunque los mazos de Oracle son igualmente impresionantes y divertidos.

Otro consejo es que algunas barajas de tarot están orientadas a temas que pueden no resonar con usted. Hay mazos de tarot de gato negro, mazos de tarot de temática egipcia, mazos de tarot de cultura gay, mazos de tarot de "Animal Wisdom", mazos de tarot de temática de David Bowie, mazos de tarot de unicornio, mazos de tarot de temática medieval, mazos de tarot de temática renacentista, mazos de tarot de guerra, mazos de tarot "Wild Unknown", mazos de "Tarot Apokalypsis", mazos de tarot Age de Aquarius, mazos de tarot con temática druida, mazos de tarot de animales y naturaleza, mazos de tarot Illuminati, y mucho más. Finalmente, están los mazos básicos que usan las mismas imágenes esenciales del mazo de tarot Rider-Waite con un toque único del artista. La baraja de tarot Rider-Waite fue diseñada y lanzada en 1909 y es la baraja más básica y tradicional aún producida en masa en la actualidad.

Además, hay mazos con cartas de gran tamaño versus cartas de tamaño pequeño, y siempre recomiendo las cartas más grandes, ¡especialmente para los principiantes! También hay mazos que vienen con sus propios libros explicativos, mientras que hay mazos que vienen solos. Prefiero los que tienen los libros adjuntos, ¡aunque nunca puedo obtener suficientes libros de tarot!

Pros y Contras

En general, se sugiere seguir estos pros y contras mientras usted decide cuál mazo será el suyo:

Pros:

- Cartas de gran tamaño
- Temas relacionados
- Ningún tema discernible
- El paquete de cartas viene con un libro de instrucciones detallado
- Definitivamente se recomiendan un mazo de tarot y no de Oracle
- Arte relacionado
    - o <u>Una nota sobre este punto:</u> algunas barajas de tarot solo muestran personas blancas, y eso no importará para algunos, pero excluirá a otros practicantes. El lector de las cartas debe ser capaz de relacionarse con el arte en las cartas, por lo tanto, si puede, busque el arte que refleje el color de su piel. Nuevamente, esta nota es más útil para algunos que para otros, ya que sé que a algunas personas no les molestará este elemento.
- El mazo lo elige a usted
- Buena calidad de papel
- El libro adjunto es grande, extenso, detallado y está bien escrito
- Buenas críticas del producto (para compradores en línea)
- Buen grosor de la carta
- Perfectamente asequible dentro de sus posibilidades

Contras:

- Cartas muy pequeñas
- No es un tema identificable para usted

- El tema es demasiado "llamativo" en las cartas y distrae
- Ningún libro viene con el paquete
- Es un mazo de Oracle, no un mazo de tarot
- Arte no identificable
- Alguien eligió el mazo para usted y no cree que el mazo lo eligió a usted
- Mala calidad del papel
- El libro adjunto es pequeño o está mal escrito
- Opiniones deficientes del producto (para compradores en línea)
- Las cartas son demasiado gruesas o demasiado delgadas
- No es asequible dentro de sus medios actuales

Lectura de las cartas

Ahora que ha recibido ayuda para elegir su mazo, usted necesitará comprender exactamente en qué se está metiendo. El tarot es un bello arte de adivinación que le permite conectarse con reinos en lo profundo y lejos de sí mismo. Es una herramienta útil utilizada para proporcionar crecimiento, equilibrio, apoyo y florecimiento a la vida de cualquier persona. También hay muchas cosas diferentes que usted puede hacer con una baraja de tarot. Puede que todo parezca igual, pues siempre estará barajando cartas y sacando algunas del mazo, pero la intención detrás de estos actos puede variar significativamente para el beneficio potencial de muchas personas.

Toma de Decisiones

El tarot es una excelente herramienta para impulsar las habilidades de toma de decisiones. Muchas personas en estos días son indecisas o no están seguras de cómo resolver grandes problemas que se ciernen sobre sus vidas. Muchas personas también esperan crecer, pero no conocen la dirección correcta. El tarot le puede proporcionar esa decisión, resolución, crecimiento, dirección y más, dejándole muy poco que decidir al individuo, aparte de poner las manos sobre el mazo y hacer una pregunta al universo. El tarot puede ayudarle a tomar las decisiones difíciles que enfrenta, y realmente permite que cualquiera recupere el control de su vida de aquí en adelante. De ahora en adelante, con la ayuda del tarot, usted podrá:

- Elegir el camino de su vida con confianza
- Aprender a reconocer sus errores
- Descubrir las razones detrás de sus ansiedades, miedos y enfermedades
- Hacer que las decisiones simples sean más fáciles mediante tiradas de 1 a 5 cartas
- Discernir su motivación
- Evaluar los resultados más probables
- Afirmar sus valores y situaciones ideales
- Y mucho más

Calidad de Vida

El tarot le recordará que usted tiene el control de su vida. A menudo nos sentimos como si estuviéramos atravesando por situaciones y experiencias como una muñeca de trapo, ¡pero nosotros como humanos tenemos una increíble cantidad de libre albedrío! Cuando usted hace preguntas al tarot, las respuestas proporcionadas provienen del yo superior del lector, y casi siempre están inflexionadas con intención divina. Por lo tanto, estas respuestas no lo van a dirigir hacia el fracaso o la pérdida. Solo le instarán a crecer, pero depende de usted elegir si sigue o no el camino que le revelan las cartas. Esperamos los siguientes beneficios para su vida después de trabajar con el tarot:

- Mayor compasión y empatía por los demás
- Capacidad ampliada para empoderarse a sí mismo y a los demás
- Habilidades psíquicas desarrolladas, perfeccionadas y enfocadas

- Mayor potencial de creatividad y expresión creativa
- Mayor autoconciencia y conciencia del mundo
- Mayor confianza en su intuición y su ser superior
- Mejor comprensión de cuánto poder tendrá uno
- Y mucho más

Reflexiones y Ayuda Vital

El tarot también puede proporcionar una idea general de las circunstancias y ayudar a cualquier persona que lo necesite, ya sea que necesite dirección, asistencia, claridad o de otra manera. Las tiradas del tarot están perfectamente diseñadas para esta tarea, y encontrará 20 tiradas detalladas para elegir en el capítulo 4. Además, al conectar al lector con su intuición, habilidades psíquicas y un ser superior, esa persona será ayudada profundamente. Además, tanto los lectores como los participantes experimentarán habilidades aumentadas y mejoradas para sanar y recibir orientación del universo. Haga a las cartas una pregunta corta o una larga y detallada. Seguro que usted recibirá información útil y datos útiles para una dirección actualizada en el futuro.

Ayudar a otros y la Curación del mundo

A medida que usted domine el tarot, estará cada vez más informado, empático y dispuesto a ayudar a los demás. Verá que aumenta su capacidad de paciencia y, como lector de las cartas, tendrá la gran responsabilidad de compartir esta paciencia y este nuevo conocimiento con los demás. Con este conocimiento, usted también llevará información sobre las mayores energías arquetípicas conocidas por la humanidad a lo largo del tiempo. Usted llevará las historias y las cargas, pero también tendrá la llave que desencadena todos nuestros grilletes. A medida que usted crezca en su conocimiento y apreciación del tarot, no tenga miedo de hacer preguntas que beneficien a individuos, grupos enteros de personas o la Tierra como planeta y entidad nutritiva. Amplíe su alcance, abra los ojos y proceda valientemente y sin miedo. Con el conocimiento viene una gran responsabilidad, pero no se preocupe, le garantizo que le encantará cada minuto.

Capítulo 3: Las Cartas

Para comprender el tarot es esencial poder acceder a los significados de las propias cartas. ¿Qué significa el emperador? ¿De qué se trata el traje de Copas? ¿Qué es una Sota de espadas? ¿Qué significa un As en este mazo? ¿Qué sucede si saco una carta que está al revés? Todas estas preguntas y más serán respondidas en este capítulo, y usted finalizará esta sección con la confianza de que ha adquirido un buen conocimiento para poder realizar sus primeras lecturas de tarot.

Arcanos Mayores

Los Arcanos Mayores revelan los misterios internos de la humanidad. Cuentan la historia de la humanidad en forma de 22 imágenes arquetípicas, y cada parte de la historia revela profundas verdades sobre la naturaleza de la existencia como humano en esta realidad. Las 22 cartas en los Arcanos Mayores están numeradas del 0-21 o 1-22. Ocasionalmente, el Arcano mayor comienza con 0 (El Loco), pero he enumerado al Loco último aquí, como el número 22, que es igualmente común. El punto con El Loco es que comienza el ciclo y cuando ese ciclo termina El Loco lo inicia de nuevo; por lo tanto, existe en ambos extremos y gana su derecho a ser 0 y 22.

Algunos mazos tendrán una sección de "Arcanos Mayores" con cartas numeradas del 1 al 22 sin estos mismos nombres de cartas. No se preocupe, los arquetipos siguen siendo siempre los mismos en un significado más profundo. Incluso con diferentes nombres, la carta 1 del Arcano Mayor siempre representará lo que hace El Mago; la carta 2 siempre se relacionará con la energía de la Suma Sacerdotisa, la carta 3 siempre significará la energía de La Emperatriz, y así sucesivamente.

Para su conveniencia, en este capítulo, se ha explicado lo que significa cada carta cuando está al derecho o del lado correcto, así como cuando está al revés. Cuando usted tira una carta al revés, se llama "a la inversa", y por lo general disminuye el efecto de la carta en cuestión, pero, ocasionalmente, significa que las cosas serán más intensas de lo que describe la carta.

1. El Mago: El Mago se trata de ver su camino por delante, tomar decisiones y tomar medidas. Esta carta significa que es hora de seguir sus sueños. Ha habido tiempo para la introspección, pero ahora es el momento de la acción. El Mago representa una poderosa fuente de inspiración que está lista para actuar como su musa, y predice que usted podrá trabajar en proyectos complejos en este momento. Esta carta significa encontrar su flujo, dar los primeros pasos, fortalecerse, abrazar su fuerza de voluntad, activar su energía, seguir instrucciones y participar en la creatividad. El poder y éxito están por delante. A la inversa, el Mago significa que su flujo se ha bloqueado. Hay proyectos con los que usted sueña que simplemente no están funcionando. Puede que no sea su culpa, así que mire las cartas que aparecen alrededor del Mago a la inversa para encontrar pistas sobre este problema.

2. La Suma Sacerdotisa: La carta de la Suma Sacerdotisa se trata de apreciar lo femenino en el mundo. Esta carta sugiere el valor de la quietud, la contemplación, la pasividad, la sensibilidad, la reflexión y la profundidad. Esta carta le dice que puede manifestar sus sueños siempre que esté abierto a la misteriosa energía femenina dentro de usted. En general, la Suma Sacerdotisa representa lo femenino divino, la iniciación, las puertas, el inconsciente colectivo, la verdadera sabiduría, la guía de los sueños y la intuición poderosa. A la inversa, la Suma Sacerdotisa significa que usted necesitará dar un paso atrás en la vida para acceder a esta gracia y visión divina femenina. Es posible que usted necesite atenuar las cosas, o puede quedar atrapado en delirios que lo distraen de esta capacidad. Es hora de encontrar quietud y reenfoque para que las cosas no se vuelvan desastrosas.

3. La Emperatriz: La carta de la Emperatriz sugiere que la abundancia se dirige hacia usted. Esta carta representa el potencial de abundancia a través de la reproducción, así como la prosperidad financiera en su vida y más. Para quienes invierten en el significado reproductivo, esta carta significa fertilidad, creación y el producto de dos verdaderos amantes. Para aquellos despojados de este significado, esta carta sigue siendo increíblemente significativa. Representa ideas fértiles que existen dentro de usted y el potencial para que las use ¡probablemente pronto! para cambiar sus circunstancias para mejor. A la inversa, La Emperatriz significa un bloqueo en su expresión creativa. Al revés, esta carta representa impotencia, infertilidad, pobreza, verdad reprimida y falta de lo que es, en esencia, la Emperatriz misma. Con estos bloqueos en su lugar, luchará para lograr la abundancia que la Emperatriz quiere ofrecerle. ¡Mire las cartas que lo rodean para obtener pistas sobre cómo eliminar estos bloqueos!

4. El Emperador: La carta del Emperador representa el masculino divino por excelencia. Se trata de poder, paternidad, liderazgo, protección, orden y logros exitosos. Sacar esta carta en una lectura sugiere que el éxito es inminente. Mientras use la fuerza de su voluntad y su intelecto claro y enfocado, usted puede lograr cualquier cosa que se proponga. Esta carta también puede representar una figura paterna o una entidad paterna en su vida con la que puede o no llevarse bien. A la inversa, el Emperador significa lo que sucede cuando se pierde la autoridad.

Quizás ocurra la tiranía, quizás una revolución improductiva. Quizás falta de centro y quizás fuerza adicional. El resultado depende de usted. Además, esta inversión puede representar la pérdida de una figura paterna, falta de enfoque, indecisión o falta de autoestima en relación con sus sueños. También podría ser una pista de que usted ha juzgado demasiado a los demás recientemente.

El Hierofante: La carta Hierofante representa la importancia del aprendizaje, la tradición y la rutina. Esta carta aparecerá en una lectura para recordarle que debe consultar a aquellos en quienes más confía antes de tomar decisiones importantes. Además, le recordará que debe valorar a aquellas personas en cuyo consejo confía por completo. El Hierofante alienta el seguimiento de las tradiciones establecidas, pero también acepta que hay una limitación en la tradición que algunos no pueden soportar. Para esas personas, esta carta representa lo que puede interponerse en su camino hacia el éxito. Para aquellos que aceptan y abrazan la tradición, esta carta representa el comienzo de su viaje hacia la autorrealización. A la inversa, el Hierofante significa lo que sucede cuando la tradición se escapa: el caos, la rebelión y el libre flujo de la sabiduría. Si bien esta situación puede sonar completamente beneficiosa para algunos, la estructura para compartir la sabiduría es muy preferible al flujo libre, y los sistemas son más efectivos cuando están en su lugar que cuando están en ruinas. Cuidado con el rechazo o un cambio en los valores.

5. Los Amantes: La carta de los Amantes representa que el amor se dirige hacia usted. Sin embargo, insiste en que usted no puede manejar el amor si no puede primero amarse y apreciarse a sí mismo. Los amantes pueden ser una señal de que su alma gemela se dirige a su vida, pero también podría representar la necesidad urgente de que se enamore de usted como su propia alma gemela. Esta carta insiste en que apreciamos la lógica que el corazón aprecia, porque es más valioso de lo que muchos podrían imaginar. A la inversa, los amantes significan que las luchas en el amor están por delante. Ya sea indecisión, celos, amor no correspondido o caótico, separación o impotencia, algo está a punto de ser perturbado en su refugio romántico. Si usted no tiene pareja, podría ser que surjan algunos problemas en su personalidad que le impiden experimentar el amor propio. Mire las cartas que lo rodean para obtener pistas sobre cómo puede solucionar la situación.

6. La Carroza o Carro: La carta de la Carroza significa que cualquier problema que esté intentando resolver se solucionará en poco tiempo. Sugiere que adoptar el control de su vida le permitirá encontrar tanto la paz como el cambio que desea en la situación. La carroza insiste en el crecimiento, el dominio, el éxito, el triunfo, el viaje, el desarrollo y la comprensión. Sin embargo, nada de este éxito puede suceder sin luchar primero por el conflicto, por lo que la baraja de la Carroza también supone que los juicios han ocurrido recientemente o están sucediendo y que pronto se resolverán. La Carroza muestra cómo incluso una persona exitosa es un trabajo en progreso. A la inversa, El Carro significa interrupciones en su camino hacia el éxito o fracasos flagrantes que se interponen en su camino. También puede simbolizar una pérdida o falta general de control que conduce al agotamiento. Esta carta puede representar un peligro inminente, pero a menudo es un peligro que solo afectará su personalidad. Sin una cuidadosa consideración y alteración de sus circunstancias, se estancará y su crecimiento se verá interrumpido desastrosamente.

7. Fuerza: La carta de La Fuerza, con su imagen de una mujer valiente parada junto a una gran bestia, demuestra la paz de la Diosa que existe dentro de cada persona. Tanto hombres como mujeres tienen bendiciones de diosas que se expresan como paciencia, comprensión, compasión y carisma. Esta carta indica que esas bendiciones están presentes y trabajando a su favor. Además, la fuerza significa la importancia de la fe y el coraje, incluso para las mujeres. La Fuerza nos recuerda a todos volver a ponernos en contacto con nuestra locura interior para honrar a nuestros seres más elevados. A la inversa, Fuerza significa una falta de coraje que desemboca en el miedo. En lugar de ser valiente y acceder a las bendiciones, esta carta a la inversa simboliza que uno está experimentando tormento, desesperanza e integraciones fallidas de cualquier lección que el universo haya presentado. Si tira la Fuerza al revés, busque lugares en su vida donde la debilidad o la indecisión podrían estar reteniéndolo, encuentre quietud y examine cuidadosamente sus emociones y pensamientos en busca de pistas sobre cómo avanzar.

8. El Ermitaño: La carta del Ermitaño es un poderoso indicador de que hay una transformación intensa por delante, pero también sugiere que necesitará pasar mucho tiempo solo para abrazar ese camino transformador. El Ermitaño lo obliga a enfrentar esos elementos espirituales y emocionales en su vida que probablemente lo están frenando. Además, esta carta le recuerda su conexión con su yo superior. Una vez que acceda a ese tiempo a solas, esta conexión se fortalecerá y desarrollará para que sea más útil para usted que nunca. Si saca la carta del Ermitaño, es hora de retirarse, introspectivamente y retirarse a su propia psique por un tiempo. Cuando usted vuelva a emerger, será como una mariposa que emerge de su capullo de oruga. A la inversa, el Ermitaño significa lo peor que puede pasar con el tiempo a solas: aislamiento, ostracismo, miedo, soledad y estancamiento. Si tira el Ermitaño en reversa, observe detenidamente sus patrones sociales para ver si ha estado demasiado aislado para mantener el crecimiento. A veces, este tiempo solo comienza de manera saludable y se vuelve tóxico, como ocurre con los momentos posteriores a la traición, crisis o ruptura. Para garantizar que las cosas sigan siendo productivas, adopte este tiempo de sombra como algo temporal que inevitablemente conducirá al crecimiento, en lugar de verlo como un momento en el que habitar toda la eternidad.

9. La Rueda de la Fortuna: ¡La carta de la Rueda de la Fortuna sugiere que se acerca la recompensa! Muestra cómo usted puede cosechar las recompensas de su situación actual canalizando la prosperidad y abrazando la inevitabilidad. Recibir esta carta en una lectura significa que una temporada del yo está terminando para dar paso a la próxima temporada, más poderosa. La Rueda de la Fortuna representa la sabiduría del Ermitaño y la introspección puesta en acción. Es el siguiente paso después del aislamiento necesario del Ermitaño, que es la actualización de la misión del alma del individuo. A la inversa, la Rueda de la Fortuna significa que usted se enfrenta al cambio, pero lo ignora totalmente. Esta carta muestra cómo su cosecha interna puede haber sido agridulce o tal vez más amarga que dulce, en lugar de productiva. Además, puede haber más tiempos difíciles por delante antes de que pueda crecer. El truco de la situación puede ser permitirle la libertad de soltar lo que ya no sirve.

10. La Justicia: La carta de Justicia representa que hay un camino claro hacia el éxito en su vecindad. Sin embargo, usted tendrá que acceder al equilibrio y la claridad para encontrar ese camino. Además, usted tendrá que aprender, íntimamente, su propia verdad. Aquellos que presionan a la Justicia deben saber que un dilema importante surgirá en su vida en breve, y su elección determinará mucho. Asegúrese de elegir activamente en respuesta al dilema en lugar de solo reaccionar instintivamente a las opciones. Tómese el tiempo para pensar y aceptar lo que es realmente mejor. A la inversa,

Justicia significa la existencia de desequilibrio, deshonestidad e injusticia en referencia tanto a uno mismo como a los demás. Si saca esta carta mire su vida para descubrir qué está causando el desequilibrio. Abra un ojo amplio, perspicaz e introspectivo hacia usted para ver dónde la injusticia puede estar controlando sus acciones involuntariamente.

11. El Ahorcado: La carta del Ahorcado representa su experiencia intensificándose, reenfocada, profundizada o expandida. El Ahorcado en la carta cuelga boca abajo, y esta posición representa un cambio de paradigma y una agitación de perspectiva completa. Sin embargo, este cambio y agitación no es más que positivo. Si usted roba esta carta, su futuro tiene una gran inversión que atraerá cosas buenas y progresará en su camino. ¡Espere trastornos, cambios y transformaciones, pero no tenga miedo! Al robar esta carta, significa que incluso usted puede estar preparado para experimentar una iniciación de estilo chamán en los secretos del universo después de salir de la fase del Ahorcado.

A la inversa, el Ahorcado significa la incapacidad de adaptarse a un nuevo paradigma. Recibir esta carta en una lectura podría indicar que usted está luchando contra el progreso, que está jugando a ser la víctima o que no es lo suficientemente consciente de usted mismo para manejar las transiciones que se avecinan. Sintonice profundamente con sus pensamientos e intente experimentar jugando al abogado del diablo consigo mismo tanto como sea posible. Dele la vuelta a su vida para resolver este problema.

12. Muerte: ¡La carta de la Muerte no es tan literal como usted podría pensar, y le desaconsejo que se sienta asustado o frustrado cuando usted robe esta carta! La muerte es una de las cartas más inspiradoras y positivas del mazo, de hecho. La muerte significa transformación total. Uno debe sumergirse en las profundidades del yo antes de que él o ella pueda levantarse con un nuevo poder. Considere las imágenes del fénix, la resurrección y la iniciación. Cuando usted roba esta carta, sugiere que usted puede estar a punto de saludar a su lado oscuro. Pero si lo hace, se volverá más fuerte, más poderoso y más apasionado por sus objetivos que nunca. Prepárese para la intensidad, la pasión y el desprendimiento de lo que no le sirve. A la inversa, la muerte significa que usted está a punto de saludar a su lado oscuro, pero el resultado puede no ser tan beneficioso como le gustaría, a menos que cambie algunas cosas. Por ahora, esta carta a la inversa sugiere que es probable que usted encuentre su sombra con miedo, lo que podría provocar estancamiento, agotamiento y pesimismo. A medida que usted avanza, manténgase abierto a lo que está por venir y acepte perdonarse para evitar lo peor.

13. Templanza: La carta de la Templanza significa potencial para la magia, la paz duradera y el dolor transmutado en positividad. Esta carta es muy esperanzadora cuando se saca en cualquier lectura. Si usted saca la carta de la Templanza, probablemente significa que usted acaba de salir de un período de gran agitación, o podría sugerir que acaba de llegar a un nuevo conocimiento increíble sobre usted en un sentido espiritual. Lo que hace con este conocimiento mejorado es lo que se compara con la magia. A la inversa, la templanza significa que usted está en un estado de desequilibrio. Ha perdido la noción de su camino y su centro, y es posible que también haya estado discutiendo con otros recientemente. Es probable que usted se sienta fragmentado o desgarrado en direcciones dispares, y deberá volver a unirse antes de lograr cualquier sentido de armonía. Mire las cartas que lo rodean para averiguar cómo hacerlo.

14. El Diablo: A pesar de su nombre, esta carta, como la carta de la Muerte, parece ser más aterradora de lo que realmente es. Robar esta carta no significa que esté poseído o condenado en ningún sentido. Sin embargo, puede significar que usted está siendo controlado por algo externo o material del que estaría mejor libre. Considere cómo está siendo reprimido u obsesionado por cosas ajenas a usted. Considere cómo está siendo controlado o limitado por alguna adicción potencial, ya sea a las drogas, el alcohol, los cigarrillos, el café, las compras, el robo, etc. La carta del Diablo señala cómo usted ha sido encadenado y le recuerda lo importante que es reclamar su propio poder de voluntad. A la inversa, el Diablo significa lo que probablemente usted temía de la propia carta del Diablo: circunstancias perjudiciales, abuso de poder, infelicidad devastadora, falta de autocontrol para la tentación y la (re) aparición de los demonios internos. Si usted saca esta carta, tenga mucho cuidado con su forma de proceder. Si desea lograr al crecimiento, muchas cosas tendrán que cambiar.

15. La Torre: La carta de la Torre sugiere que usted ha permanecido encarcelado por la carta del Diablo y tuvo que luchar para salir. Tradicionalmente, la Torre representa lucha, conflictos, destrucción, devastación y desesperación total. Sin embargo, veo la Torre de una manera más esperanzadora. Si usted saca la Torre, significa que ha decidido luchar por algo en lo que cree, y está destruyendo todo lo que queda de esa toxicidad para tener éxito en su lucha. La destrucción viene de su liberación. La agitación proviene de una iluminación inmensa e instantánea. La belleza de la creación le espera una vez más tan pronto como sus luchas se calmen.

A la inversa, la Torre significa que el concepto de iluminación puede haber sido aterrador o desalentador para usted. Sugiere que usted se ha encerrado en la torre, en lugar de liberarse de ella. Además, los conceptos de encarcelamiento y evasión de responsabilidad abundan al sacar esta carta. Si usted saca la Torre invertida en una lectura, recuerde liberar todo el miedo y proceder con el mayor valor y confianza posible.

16. La Estrella: La carta de la Estrella representa una apertura hermosa y trascendente que resulta de la verdadera iluminación. Esta carta sugiere la feliz resolución de todos los eventos significados por la Torre. Además, la Estrella contiene el potencial para la integridad, la curación duradera y la finalización de los ciclos perjudiciales. Si usted saca esta carta en su lectura, ¡siéntase orgulloso, tranquilo y esperanzado! Le vienen cosas buenas. En reversa, la Estrella significa lo que puede suceder cuando la Torre en reversa avanza en el tiempo: estancamiento, pérdida de tiempo, pérdida de autoestima y pérdida de potencial intuitivo. Si usted se limita al potencial de iluminación, no es sorprendente que también se haya cerrado al progreso y al crecimiento. Respire profundamente y crea en usted mismo a medida que avanza con este conocimiento.

17. La Luna: La carta de la Luna va un paso más allá de lo que sucedió con la Estrella y afirma que el consultante es un psíquico en entrenamiento totalmente funcional. Si usted saca esta carta, abrace lo femenino divino en su vida y dedíquese a su verdad. No tenga miedo de saludar a su sombra, porque su reflejo oscuro sigue siendo eso: su reflejo. Puede retirarse de la sociedad por un tiempo o puede estar en ese período ahora, pero ese retiro no significa aislamiento, ya que estará viajando espiritualmente todo el tiempo. Vigile sus sueños y recuerde que su imaginación puede hacer cosas increíbles.

A la inversa, la Luna significa un estado de confusión provocado por la imposibilidad de integrar su nueva fe o espiritualidad. Si saca esta carta, es probable que usted se sienta incómodo con el concepto o la acción de la imaginación. También puede depender de sustancias para su crecimiento espiritual. Puede haber signos que le señalen diferentes direcciones, pero aún no las ha seguido. Para sanar su ruta actual, deberá proceder con cuidado. Busque respuestas en su interior.

18. El Sol: La carta del Sol representa lo que el sol típicamente simboliza: alegría, libertad, felicidad, energía despreocupada, expansión, asombro y éxito. Además, esta carta sugiere que usted ha comenzado a seguir su camino hacia la iluminación, y actualmente siente el enfoque y la claridad para alcanzar sus sueños ¡siempre y cuando usted se mantenga en este camino! ¡Sea optimista y no tenga miedo de compartir lo que ha aprendido con otros! El conocimiento no pesa, después de todo.

A la inversa, el Sol significa que su luz interior se ha atenuado. Quizás, usted se ha negado a compartir sus conocimientos con otros. Quizás usted no pueda ver las cosas con claridad. Quizás usted es arrogante y asume que no necesita saber más. Cualesquiera que sean sus circunstancias, dudas de sí mismo o de su camino hasta cierto punto, está afectando negativamente a su psique. Sin embargo, esta carta simplemente podría sugerir que el éxito que usted anhela simplemente se retrasa.

19. Juicio: La carta del Juicio es otra carta de renacimiento. Insiste en que habrá un nuevo conjunto de caminos a seguir después de que usted se instale en esa energía de la carta del Sol. Cuando una puerta se cierra, se abren muchas más. El juicio también significa que se acerca un momento para la toma de decisiones. Hay muchos cambios por delante, y se le realizará una prueba para ver si puede transportar su frecuencia de luz. Tome las decisiones que mejor reflejen su verdad para tener éxito. A la inversa, el Juicio significa que ha escuchado el llamado a actuar, cambiar y renacer, pero el problema es que lo ha ignorado. Es posible que usted no esté listo para comprender lo que está a la mano, pero también podría ser deliberadamente ignorante. Si usted saca esta carta, considere cómo puede estar actuando por miedo al cambio.

20. El Mundo: La carta del Mundo es otra en el tarot que simboliza la finalización. Aquellos que sacan esta carta han pasado por períodos de gran éxito que trajeron satisfacción y orgullo duraderos. La carta del Mundo se trata de celebración. Se trata del baile realizado cuando usted ha logrado todo lo que esperaba. También, se trata de las festividades, la unión entre uno mismo y el mundo, que ocurren cuando uno está en su mejor momento. ¡El Mundo demuestra que la abundancia, si no se ha logrado actualmente, está más cerca de lo que usted piensa! Mantenga la cabeza en alto y sea paciente. Usted no tendrá que esperar mucho más.

A la inversa, el Mundo significa demora del éxito. Puede haber limitaciones en el lugar, o usted puede sentir que está en un estado de animación suspendida. Si no siente nada validado y gratuito, es probable que su trabajo más importante aún no se haya completado. Si se saca esta carta, recomiendo esperar ante la situación, ya que el movimiento y el progreso volverán absolutamente a tiempo.

21. El Loco:

El Loco abre y cierra los Arcanos Mayores, y eso se debe a que se asocia más fuertemente con la inocencia, la apertura y los nuevos comienzos. El Loco representa tanto el cierre como la concepción. Es una carta de extremos equilibrados y de energía enfocada a través del juego. Si usted sacó la carta del Loco, podría ser porque usted está actuando como tal, pero también podría ser porque usted necesita tomar una ruta menos seria en la vida para tener éxito. ¡Recuerde reírse de sí mismo! ¡Tómese menos en serio las cosas y juegue un poco más! El optimismo llega a quienes mantienen el buen humor.

A la inversa, el Loco significa que usted está jugando las peores cualidades de la carta. Usted es infantil, juguetón y extremo, sí. Pero también es ingenuo, irracional y necio. ¡No tenga miedo al cambio! ¡Tampoco se deje atrapar por la rutina! Puede ser ingenuo y crédulo ahora, pero su conocimiento de estos rasgos es un conocimiento fundamental para poder cambiarlos en el futuro.

Los Arcanos Menores

Los Arcanos Menores representan aspectos de la personalidad y luchas o experiencias que existen para toda la humanidad en este mundo. Los Arcanos Menores se dividen en 16 cartas de la corte o de la cara y 40 cartas de "pip" o menores numeradas del As al 10. Estas 56 cartas también se dividen en 4 palos o tipos elementales. A veces los Palos de cartas se llaman de forma diferente, pero he notado que esa terminología puede diferir de acuerdo a la conveniencia de cada quien.

Bastos (Clubes /Varas / Duelas)

Las Varas, Palos, Bastos o Duelas representan la misma energía. Este juego de cartas tiene que ver con pasión, inspiración, iniciación, impulsividad, acción, sensación física y desarrollo de la fuerza. Los Bastos a menudo significan lo que se genera para inspirar a otros. Además, están asociados con el verano.

As de Bastos

El As de Bastos tiene que ver con el nacimiento, la nueva acción y la expresión de la energía creativa. Aquellos que roban esta carta están dotados infaliblemente de una energía creativa de algún tipo, y es probable que tengan el vigor para expresar ese regalo pronto, si aún no lo han hecho. A veces, esta carta también representa una concepción reciente o el próximo nacimiento de un niño.

A la inversa, esta carta significa que hay un bloqueo en su energía, creativa o de otro tipo. Mientras usted esté al tanto de este bloqueo, pronto pasará.

2 de Bastos

El 2 de Bastos simboliza una tensión que puede estar bloqueando ese flujo libre de creatividad. ¿Cómo se siente acerca de su trabajo? ¿Está realmente satisfecho en su vida? Esta carta lo alienta a examinar lo que podría estar deteniéndolo. Una vez que descubra qué es, habrá establecido una puerta que cambiará sus circunstancias una vez que se abra.

A la inversa, esta carta significa una liberación repentina de tensión que puede traducirse en un trabajo creativo de genio.

3 de Bastos

El 3 de Bastos le muestra lo duro que ha estado trabajando. Probablemente usted no necesitaba la confirmación, pero su yo superior quiere que sepa que él o ella ha notado todo el esfuerzo que usted ha estado haciendo. Las recompensas están llegando, y se puede revelar un camino completamente nuevo en poco tiempo. ¡Mantenga la confianza y la dirección para que sus metas estén al alcance!

A la inversa, esta carta significa que puede haber estado siguiendo un sueño que no es el adecuado para usted, al menos no en este momento. Piense profundamente en sus objetivos y vea si puede encontrar el que está descompensado con su verdad. Otro significado de esta carta a la inversa es que usted se ha centrado demasiado en el pasado como para avanzar hacia su propio futuro.

4 de Bastos

El 4 de Bastos muestra que el esfuerzo que usted ha realizado para construir una casa feliz ha valido la pena. Las cosas parecen estabilizadas, reconfortantes y gratificantes. Usted tiene la sensación de que está lo suficientemente asentado con su vida y su familia para comenzar el gran proyecto que ha estado posponiendo durante tanto tiempo. Está orgulloso, alegre y listo para lo que el mundo tiene reservado.

A la inversa, esta carta significa algo muy similar a lo anterior. La única diferencia es que puede tener un descanso temporal de su trabajo causado por un retraso en la acción. Si usted experimenta este descanso, aproveche al máximo. Descanse para lo que está por venir.

5 de Bastos

El 5 de Bastos simboliza el conflicto juguetón en el horizonte. Hay una interacción de actividades y mentes que le ha estado rodeando, pero puede haber una interrupción o aumento de esa energía pronto. Manténgase firme en su verdad y ábrase a la posibilidad de un enlace sexual ¡si le gusta!, porque podría ser el momento adecuado con esa persona especial.

A la inversa, esta carta significa conflicto experimentado internamente. También podría haber un cierto grado de desconfianza hacia uno mismo que lo ha estado frenando. Diríjase a la meditación para restablecer la confianza en usted mismo y mire las cartas que lo rodean en su tirada para recibir pistas sobre la situación en general.

6 de Bastos

El 6 de Bastos representa la victoria reciente lograda a través de un esfuerzo enfocado y sostenido. Demuestre que tiene la capacidad de ser un líder una vez que esté listo para asumir ese rol. Además, el 6 de Bastos revela su potencial para la fama. Cualquier acción que usted emprenda hacia su objetivo terminará exitosa mientras esta carta esté en juego.

A la inversa, esta carta significa cuán desastrosa puede ser la desconfianza. Puede descarrilarlo de su camino, puede cortar las conexiones con otros y puede eliminar posibles posiciones. Si usted ha dejado que la desconfianza infecte su corazón y su mente, es hora de trabajar para resolverlo. Por otro lado, si usted ve que la desconfianza se está infiltrando en su vida en este momento, intente llegar a la raíz del problema y erradicarlo antes de que se quede atrapado en usted para siempre.

7 de Bastos

El 7 de Bastos revela luchas en su horizonte. Puede haber desafíos a su autoridad que no aprecia, o podría ser que usted no se siente respetado adecuadamente en su línea de trabajo. Si usted saca esta carta, proceda con precaución e intente discernir los mayores obstáculos en su vida a través de la meditación. Una vez que se descubren, puede procesar estos obstáculos usted mismo sin llevar el problema a otros, lo que empeoraría las cosas.

A la inversa, esta carta significa que usted está sintiendo una confusión emocional por su situación laboral. Tal vez alguien ha criticado su trabajo y usted está frustrado o avergonzado. Tal vez alguien le ha dicho que el jefe está revisando su trabajo y está más estresado. Independientemente de la situación, trate de no dejar que las preocupaciones de otras personas lo agobien. Trabaje a su máxima capacidad y recuerde vivir su verdad si está listo para resolver este desequilibrio.

8 de Bastos

La carta del 8 de Bastos tiene que ver con la velocidad, la precisión y el objetivo. Esta carta indica que usted es como una flecha disparada expertamente hacia su objetivo. Usted se está acercando rápidamente a todo lo que espera con mucha fuerza, y todo lo que intente en este momento será eficiente, exitoso, fortuito y emocionante. ¡No se deje atrapar por el ambiente! Intente usar esta energía para la actualización y la acción.

A la inversa, esta carta significa que algo está terminando para usted. Los sentimientos de premonición, preocupación y frustración abundan en usted en este momento, y teme perder las cosas y las personas que más le importan. Para tener éxito y no tambalearse, todo lo que se necesita es un control de actitud para cambiar las cosas en la dirección correcta, a pesar de ser difícil.

9 de Bastos

El 9 de Bastos simboliza un momento de calma para usted. Usted acaba de pasar por un sinsentido y el conflicto todavía se está desarrollando en su corazón y mente. Debido a este conflicto reciente y a las tensiones persistentes, usted puede sentirse temeroso o inseguro de su futuro. Es posible que usted sea más antisocial o tímido que nunca, y es poco probable que usted esté dispuesto a emprender una gran acción que altere la vida. ¡Sin embargo, esta carta lo alienta a que lo haga! ¡Deje ir el dolor y sumérjase de nuevo en la experiencia! Nunca se sabe qué resultados hermosos surgirán.

A la inversa, esta carta significa que usted está trabajando intensamente en un problema interno. Lo que sea que haya notado dentro de usted y que no le guste, usted ha decidido erradicarlo. Sin embargo, el problema está un poco más arraigado de lo que usted pensaba inicialmente. ¡Tenga esperanza y sea terco! ¡Pruebe un enfoque diferente de la situación! Si eso no funciona, las cartas que lo rodean en esta lectura pueden proporcionar las pistas que necesita para la resolución del problema.

10 de Bastos

El 10 de Bastos se centra en los sentimientos de exceso de trabajo. Usted ha puesto mucho esfuerzo en su vocación o en un proyecto de elección, y está desesperado por comenzar a ver recompensas. Si usted trabaja para otra persona, podría ser que le pidan demasiado. Si trabaja por cuenta propia, podría ser que está abordando demasiado.

Tenga cuidado de no quemarse, pero sepa que, si lo hace, surgirá otro camino hacia el éxito que lo guiará a tiempo.

A la inversa, esta carta significa el potencial de libertad. Puede ser que se le abra un nuevo camino, pero también podría ser que un viejo camino se está quemando y desmoronando ante sus ojos. Esté atento a las pistas en su vida que pueden dirigirlo a este camino liberador. Con el tiempo, logrará el equilibrio y solo recompensas.

Sota de Bastos

La Sota de Bastos insiste en que una persona joven y enérgica puede estar a punto de entrar en su vida. Esta persona proporcionará la inspiración necesaria para su vida, y él o ella puede significar una nueva fase de su propia vida a punto de comenzar. ¡Las cosas están a punto de recuperarse para usted!

A la inversa, esta carta significa que alguien que está demasiado confundido o incierto puede entrar en su vida. Es posible que usted deba servirle de ejemplo para que ambos no se distraigan hasta el punto de estancamiento. Recuerde permanecer enérgico y resuelto a pesar de esta energía de la persona.

Caballero de Bastos

El Caballero de Bastos le recuerda la pasión y el entusiasmo que pueden acompañar ideas puras y frescas. Es posible que últimamente usted se haya sentido apático o sin dirección, pero eso está a punto de cambiar. Podría ser una persona que le inspire o una filosofía o un curso de acción. Sea lo que sea, proporcionará desafíos que lo ayudarán a crecer exponencialmente. ¡Todo lo que usted necesitaba era un poco de información rebelde para inspirarse!

A la inversa, esta carta significa que le falta la energía que necesita para actuar o pensar adecuadamente. En la medida de lo posible, asegúrese de no mentir, no perder los estribos, no controlar a las personas y no ignorar sus pasiones. ¡Es hora de vivir de manera auténtica y fructífera!

Reina de Bastos

La Reina de Bastos sugiere que una presencia femenina sabia, generosa y creativa está a punto de entrar en su vida. Puede significar que también usted está a punto de canalizar esa energía. ¡No se aleje de la feminidad, la caridad, el altruismo o la compasión en este momento! Sea valiente y exprese su voluntad de ayudar a los demás. El voluntariado es una gran práctica en este momento.

A la inversa, esta carta significa que usted, alguien más o su mentalidad están a punto de quitarles las libertades a los demás. Asegúrese de que sus objetivos no restan valor a la vida de los demás cuando retire esta carta. Verifique también sus intenciones. Usted no puede hacer daño.

Rey de Bastos

El Rey de Bastos simboliza a una persona, opinión o filosofía que se perfecciona con esfuerzo y se endurece con pasión. En su vida, esta carta podría representar negociaciones problemáticas o estresantes con otros. Además, podría significar un acuerdo financiero que está a punto de decidirse a su favor. Finalmente, el Rey de Bastos sugiere que es hora de ocupar el primer plano y ser el dueño de sus éxitos ganados con tanto esfuerzo.

A la inversa, esta carta significa que la esperanza, la dirección, el entusiasmo, la pasión y la intensidad del Rey de Bastos se han centrado en la expresión positiva o negativa extrema. ¡No deje que otras personas lo derriben, pero tampoco haga lo mismo con los demás! Esta carta enseña el valor del amor y el sacrificio y la protección y progreso, respectivamente.

Espadas

Las espadas tienen que ver con el intelecto, el mentalismo, la consideración, el pensamiento analítico, la planificación concreta e incluso la trama engañosa. Las espadas a menudo significan lo que se siente intuitivamente y luego se desarrolla intelectualmente. También están asociadas con la primavera.

As de Espadas

El As de Espadas representa la claridad mental y el éxito en el horizonte. Sugiere que le han dado un don de intelecto, y lo alienta a usar ese don en beneficio de todos los demás. Hay oportunidades increíbles disponibles para usted en su campo siempre que demuestre confianza en usted mismo y su oficio.

A la inversa, esta carta significa que usted está experimentando un desequilibrio o dureza en su viaje relacionado con la excesiva confianza en el juicio. Recuerde que los demás son un reflejo de usted y que la separación es una ilusión para restablecer el equilibrio.

2 de Espadas

El 2 de Espadas predice una oposición en su futuro. Ya sea entre usted y otra persona o entre otras dos personas, hay conflictos y problemas por delante. Se le puede pedir que usted sea el mediador si no está involucrado personalmente en la situación. Si usted saca esta carta, asegúrese de no dejarle sus responsabilidades a los demás.

A la inversa, esta carta significa conflicto interno, tensión y autoengaño. Dedíquese a su verdad para cambiar la situación.

3 de Espadas

El 3 de Espadas no es la carta más positiva. Representa un momento de gran angustia. Puede ser que usted haya experimentado una ruptura recientemente, o que simplemente esté en una fase de transformación personal. Independientemente de la razón, su corazón está destrozado por algún tipo de conflicto. Deje que estas emociones le llenen y no las evite: le ayudarán a crecer de una manera que nunca podría imaginar, al menos, no en este momento.

A la inversa, esta carta significa que una herida vieja se puede volver a abrir pronto. Puede que ya esté en bruto y reabierta en este momento. Permítase perdonar a quien le haya hecho daño, y no se deje atrapar por sentimientos de herida o victimización. Tome el camino alto.

4 de Espadas

El 4 de Espadas representa la importancia del discernimiento. Usted puede estar a punto de enfrentar, o actualmente enfrenta un conflicto intenso, y deberá asegurarse de confrontar a quienes lo merecen mientras se retira de otros que no lo hacen. Usted tendrá que asegurarse de estar alineado con su base estable de verdad para mantenerse por encima de las luchas. La meditación puede ayudarlo a mantener la paz.

A la inversa, esta carta significa que usted está listo para volver al mundo después de un período de aislamiento. Lo han herido, pero se está curando, así que usted emerge armado con energía positiva para el futuro.

5 de Espadas

El 5 de Espadas le advierte que usted está enfrentando dificultades. Habrá lucha por delante, y es posible que no resulte vencedor. Puede haber amenazas a su dignidad o fallos en las pruebas de lealtad. Puede haber un colapso de la comunicación entre amigos o amantes que resulte tóxico, y tendrá que permanecer abierto y dispuesto a mejorar para encontrar una solución a este problema.

A la inversa, esta carta significa sentimientos de desesperación que le llenan. Estos sentimientos han surgido debido a una derrota que sufrió recientemente. Permítase ser perdonado y, en lugar de revolcarse, siga el camino de la renovación.

6 de Espadas

El 6 de Espadas comparte información importante sobre la paz. Revela que la paz puede venir de compartir las diferencias con los demás. La verdad no es consistente. Es subjetiva, individual y en gran medida subestimada, por lo que es tan importante para cada uno de nosotros compartir nuestras verdades con los demás. Este intercambio aumenta la capacidad colectiva de empatía, comprensión y crecimiento. Al sacar esta carta, usted ha demostrado que está listo para ir más allá de la separación de los demás a un lugar de solidaridad intelectual que se logra a través de la apreciación de la diferencia.

A la inversa, esta carta significa el dolor que usted siente en la confrontación. A veces, la confrontación es tan dolorosa que la posponemos durante meses o años. Otras veces, la confrontación es tan abrumadora que se atasca y usted se niega a procesar el dolor detrás de las circunstancias. Tirar esta carta significa que usted debe enfrentar el problema o resolverlo dentro de usted mismo para poder avanzar.

7 de Espadas

¡Sacar el 7 de Espadas causa mucha emoción! Sugiere que el conocimiento mágico está más allá de sus dedos. Usted puede estar a punto de embarcarse en un viaje de gran aprendizaje, o podría ser que sus guías espirituales están a punto de "llevarlo a la escuela" para volver a aprender sus conceptos básicos antes de que se pueda lograr el crecimiento. De todos modos, hay un cierto aire de emoción en su vida, y nuevas venas de conocimiento brillan en la oscuridad.

A la inversa, esta carta significa varias cosas. Podría ser que usted está a punto de ayudar a alguien, reelaborar un conflicto anterior, recibir bienes robados anteriormente, usar sus palabras contra alguien o experimentar un engaño o decepción intensa. En cualquier caso, las cosas están a punto de ponerse raras, y la esencia del misterio se mantiene firme durante las luchas futuras.

8 de Espadas

El 8 de Espadas representa una situación difícil en la que probablemente se sienta atrapado. Ya sea debido a sus circunstancias o las necesidades de otra persona, usted está restringido, atado y enfocado en pensar a través del miedo. Intente recordar que el miedo es solo una mentalidad ¡y no productiva, por cierto! En cambio, concéntrese en usar su mente para establecer su propia liberación, y así poder encontrar el lado positivo de la situación en poco tiempo.

A la inversa, esta carta significa que un tiempo de escape o aprisionamiento casi ha terminado para usted. Usted ve la libertad en el horizonte y está dispuesto a hacer cualquier cosa para lograr esa libertad. Ignore los chismes y los dramas que quieran interponerse en su camino, y luego logrará el éxito.

9 de Espadas

El 9 de Espadas representa que usted puede estar sumergido profundamente en un período de oscuridad, internamente. Aunque las cosas pueden verse bien por fuera, por dentro, usted está experimentando angustia, desesperación y devastación total. Usted podría estar experimentando el momento poderoso y formativo que muchos llaman la "Noche oscura del alma". ¡Recuerde que no está tan solo como usted cree y mantenga sus ojos en sus metas! No pierda la noción de su verdad en este estado, ya que el resultado puede ser una crisis de identidad.

A la inversa, esta carta significa una de dos cosas. Primero, podría ser que su verdad se está utilizando contra su voluntad de una manera que le incomoda, es decir, como chivo expiatorio de la culpa o como avatar del odio étnico o religioso de alguien. En segundo lugar, podría ser que las situaciones problemáticas estén a punto de mejorar. De cualquier manera, espere realizaciones contundentes y potencial para transformaciones profundas.

10 de Espadas

El 10 de Espadas representa el punto más bajo que se puede alcanzar, pero también se da cuenta de que los mínimos más bajos ocurren justo antes de que amanezcan más brillantes. Si se siente abatido, mal dirigido, infravalorado, inferior o traicionado en este momento, sepa que las cosas pronto estarán bien. Las cosas pueden terminar a corto plazo, pero eso abrirá caminos para el éxito a largo plazo. Recuerde que las cosas tienden a suceder en 3 segundos y proceden con el menor odio posible.

A la inversa, esta carta significa que recientemente usted ha realizado una comprensión profunda y duradera con respecto a sus percepciones de la vida. Usted solía pensar que las cosas eran injustas, desequilibradas o frustrantes, pero acaba de aceptar que tiene el poder de cambiar su realidad. Mire adentro y sane los conflictos en ese nivel para ver qué reverbera en reinos más externos.

Sota de Espadas

La Sota de Espadas podría representarlo a usted u otra persona que tenga problemas con la comunicación. Están a punto de surgir nuevas lecciones para esta persona, pero tendrá que practicar para establecer fluidez y elocuencia. ¡También podría ser que le lleguen conversaciones increíbles! No tenga miedo de comenzar una discusión con un extraño.

A la inversa, esta carta significa que usted, o alguien cercano a usted, está siendo demasiado distante en la vida. ¡Acérquese a los demás y no tema formar vínculos! Sin embargo, tenga cuidado de no controlar demasiado a los demás en este momento.

El Caballero de Espadas

El Caballero de Espadas tiene que ver con la inteligencia revolucionaria. Usted puede estar a punto de conocer a una persona o encontrarse con una teoría o filosofía que es completamente radical. O él / ella desafiará todo lo que usted creía saber, y usted emergerá más inteligente y más fuerte. Usted puede estar a punto de embarcarse en un viaje por el aire.

A la inversa, esta carta significa que usted se está acercando a algo de manera incorrecta. Ya sea que se trate de una persona, una cosa o una situación, simplemente usted no lo está haciendo bien. Sea desinteresado y rechace los impulsos de control, agresión o abuso cada vez que surjan.

Reina de Espadas

La Reina de Espadas revela la presencia de alguien femenino que se dedica a la justicia. Esta persona puede estar a punto de entrar en su vida, o podría ser usted quien está a punto de subir al plató. Además, esta carta puede simplemente indicar un cambio de actitud de la subjetividad a la objetividad por el bien común.

A la inversa, esta carta significa una energía femenina que se dedica a la justicia, pero que sufrió mucho a manos del sistema. Sacar esta carta puede significar que usted, su filosofía de vida o alguien cercano a usted se ha sentido amargado hasta el punto de separarse de las esferas sociales. La amargura es una enfermedad que se puede curar mediante la conexión con otros, ¡así que luche contra esta frustración con amor!

Rey de Espadas

El Rey de Espadas tiene que ver con avances legales, médicos, científicos o financieros. Podría representar a una persona de alto rango en cualquiera de estos campos, pero también podría sugerir que usted posea este potencial. Cuando saque esta carta, observe las áreas de su propia vida que podrían usar una mejor base. Especialmente, desconfíe de los antecedentes inestables en términos de justicia, autosuficiencia, honestidad e intelecto.

A la inversa, esta carta significa que incluso los objetivos más puros pueden ser torcidos con una intención impura. Le recuerda que revise su estrategia para no lastimar a nadie, intencionalmente o no. Además, esta carta lo alienta a comunicar su verdad con tacto a los demás. De lo contrario, puede enfrentarse a un conflicto intenso y duradero por su elección de palabras.

Copas (cálices)

Las Copas y los Cálices representan la misma energía. Este traje trata sobre la emocionalidad, el mundo sensual, la creatividad y el crecimiento, y la acidez. Las copas a menudo significan lo que se siente profundamente y se alienta hacia los demás. Además, están asociadas con épocas otoñales del año.

As de Copas

El As de Copas simboliza el florecimiento de la intención romántica. Esencialmente, revela el potencial de nuevos intereses emocionales relacionados con la creación, la inspiración o el romance. Hay nuevas relaciones de todo tipo en el horizonte, o podría ser que su relación con algo o alguien está a punto de aumentar.

A la inversa, esta carta significa que usted está experimentando una pausa en el romance o la inspiración creativa. Si usted saca esta carta, pregúntese qué es lo que recientemente rechazó y que realmente le habría hecho bien.

2 de Copas

¡El 2 de Copas demuestra tiempos prósperos y amorosos por delante! Aquellos que buscan romance o curación encontrarán cumplidos sus deseos, y aquellos que buscan la reconciliación con los demás también verán confirmadas sus esperanzas. El 2 de Copas revela cómo el amor puede ser una fuerza poderosa para la curación de muchas maneras.

A la inversa, esta carta significa dolor inducido por el amor que salió mal. Sus emociones son intensas y pueden arrastrarlo a sus propias profundidades, pero descanse sabiendo que la satisfacción volverá a su vida.

3 de Copas

El 3 de Copas simboliza un tiempo festivo lleno de alegría, amor y unión. Esta carta representa alegría compartida sobre los regalos que beneficiarán a la comunidad. Es posible que usted haya pasado por un momento problemático, o puede ser el momento de cosechar los frutos de su arduo trabajo. ¡Independientemente de la causa, entréguese a la juerga!

¡Dese un capricho! Se lo merece.

A la inversa, esta carta significa los peores aspectos de una vida llena de fiesta: exceso de indulgencia, gasto excesivo y superficialidad. Asegúrese de satisfacer sus necesidades internas y las externas para corregir este desequilibrio.

4 de Copas

El 4 de Copas representa un período en el cual sus emociones o su "flujo" diario se sienten fuera de balance o se interrumpen. Es posible que usted haya trabajado demasiado recientemente, lo que podría estar causando este desequilibrio. También podría ser que sus mejores amistades y / o su asociación sean descabellados, haciendo que todo lo demás esté fuera de control. Si usted se siente estancado o indiferente, trate de disfrutar de las comodidades que le rodean. La positividad es el truco para escapar de este estado de ánimo.

¡A la inversa, esta carta significa que está listo para pasar de este período de estancamiento e indiferencia! Su energía ha sido redirigida, y después de todo lo que ha pasado, usted está listo para volver a conquistar el mundo.

5 de Copas

El 5 de Copas representa una complicación agregada a su satisfacción emocional estándar. Probablemente usted no esperaba esta complicación y no está seguro de cómo responder. Surgen sentimientos de abandono, sorpresa, miedo, inutilidad y pérdida, pero usted sabe que no son la norma. Usted podría aferrarse al pasado con demasiada dureza. Mire al presente y al futuro para curar esta herida.

A la inversa, esta carta significa que usted ha sufrido inmensamente, pero que ha llegado al momento perfecto para seguir adelante. Es un buen momento para resolver asuntos pendientes con otros o reevaluar un conflicto del pasado. Mantenga su corazón abierto y recuerde el valor de la misericordia.

6 de Copas

El 6 de Copas simboliza unión, reuniones e intercambios. Esta carta revela la importancia del amor en el tiempo y el espacio, ya que puede estar a punto de reunirse con familiares desconocidos, viejos amigos, amantes anteriores o rivales amargados del pasado. Es hora de repetir esas viejas relaciones y descubrir cómo lo ayudaron a crecer, incluso si no parecía un factor de crecimiento en ese momento.

A la inversa, esta carta significa pruebas involucradas con la revisión del pasado. Usted puede descubrir que las heridas que creía que se habían curado, en realidad todavía son bastante graves. Es posible que las experiencias de reunión no terminen siendo tan productivas como esperaba. Si usted saca esta carta, tome las cosas con calma y no sufra demasiado estrés emocional a corto plazo.

7 de Copas

El 7 de Copas sugiere que usted tiene mucho en mente. Numerosas metas y sueños compiten por concentrarse en su cabeza y, por lo tanto, ningún camino suena verdadero y no siente que vale la pena seguir 100% ningún sueño. Sea paciente durante este período de energía dispersa, ya que el enfoque volverá a tiempo. Por el momento, mantenga todos estos sueños posibles y póngalos en práctica en su cabeza en lugar de en la vida real, para ver qué tan realistas son en realidad.

A la inversa, esta carta significa que usted ha retrasado su toma de decisiones demasiado tiempo o exactamente el tiempo correcto. Por lo tanto, esta carta podría representar una oportunidad perdida, o podría sugerir que usted está justo a tiempo, utilizando su fuerza de voluntad para lograr sus objetivos con perfección.

8 de Copas

El 8 de Copas sugiere que podría ser hora de que usted siga adelante. Recientemente o en los últimos años, usted ha dedicado gran parte de su energía a una relación que ya no es productiva. No ignore más esa verdad: las cosas ahora son total e inevitablemente improductivas. Es hora de alejarse. Es hora de seguir adelante, y eso puede parecer duro, pero le prometo que el nuevo crecimiento reemplazará lo que ha perdido.

A la inversa, esta carta significa que usted está atravesando un punto difícil en su relación romántica actual. Usted está considerando los pros y los contras, y está pensando en cómo sería volver a estar soltero o con otra persona. Es posible que usted piense esto tan a menudo que ya está agotado. No es probable que usted actúe en consecuencia en este momento.

9 de Copas

El 9 de Copas significa que algo por lo que usted ha trabajado muy duro finalmente está al alcance. Representa satisfacción y felicidad profunda y duradera. El 9 de Copas también sugiere que cualquier conflicto que surja alrededor de este tiempo será fácilmente desactivado. Finalmente, esta carta representa el potencial de pereza y estancamiento si se queda en esa situación durante demasiado tiempo sin establecer un nuevo camino. Como siempre, el final de una cosa debe correlacionarse con el comienzo de otra. Mantenga sus esfuerzos enfocados en el próximo giro ascendente.

A la inversa, esta carta significa cómo se resuelve algo que solía interponerse en su camino. Ya sea usted mismo, algo u otra persona, aquello que lo estaba deteniendo está a punto de ser conquistado. Asegúrese de no excederse durante este tiempo, ya que puede obstaculizar su habilidad para finalizar esta conquista.

10 de Copas

El 10 de Copas simboliza la realización emocional. Todo lo que usted esperaba ahora está a su alcance, y está lleno de amor tanto para usted como para los demás. Esta carta es extremadamente esperanzadora, ya que le anima a alcanzar las estrellas. En momentos llenos de éxito, ¡no olvide seguir soñando! Esta carta le recordará lo que es posible cuando crea que ha logrado todos sus deseos.

A la inversa, esta carta significa que puede haber dificultades en el hogar. Ya sea con su familia o su pareja íntima, las cosas son decididamente difíciles. Puede ser que alguien se vaya de casa y usted tenga problemas para adaptarse. Mantenga un corazón abierto y abrace el cambio que enfrenta en lugar de luchar contra él. Puede parecer insondable, pero se ajustará a tiempo.

Sota de Copas

La Sota de Copas demuestra una nueva dirección para la creatividad. ¡Puede que esté comenzando una nueva aventura artística, o puede estar a punto de traer un bebé a este mundo! Están empezando a surgir cosas nuevas en todas partes, y usted tendrá que asegurarse de que su copa rebosa amor para poder asimilarlo todo.

A la inversa, esta carta significa dificultades asociadas con el amor o la dirección creativa. Es posible que usted tenga todas las ganas de triunfar, pero sus emociones o acciones podrían estar en desacuerdo. Puede ser que usted esté confundido acerca de lo que realmente necesita de su arte, de sí mismo, de su trabajo y / o de otros. Comience a meditar para encontrar la respuesta o busque pistas en las cartas que le rodean.

El Caballero de Copas

El Caballero de Copas representa a una persona o una actitud idealista, esperanzada, romántica y soñadora. Sin embargo, tenga cuidado de no ser demasiado ingenuo en sus sueños e ideales, ya que algunas cosas no son tan fáciles de manifestar como usted piensa. Es posible que usted esté a punto de usar sus habilidades curativas para ayudar a otros, pero también podría estar a punto de emprender un viaje sobre el agua. Esta carta tiene muchos significados.

A la inversa, esta carta significa que algo o alguien se esconde de usted a simple vista. ¡Sea fiel a sí mismo y asegúrese de que usted no es el que se esconde! Saque sus secretos de la oscuridad y limpie los esqueletos de su armario. Es hora de una limpieza emocional de primavera si usted espera crecer.

Reina de Copas

La Reina de Copas simboliza a una persona en su vida que está verdaderamente dedicada a amarlo. Es probable que esta persona no sea su pareja. La mayoría de las veces, es un maestro, un padre, un tutor o un terapeuta independientemente del género, cuyas interacciones con usted son más enriquecedoras que cualquier otra cosa. Esta persona será cada vez más importante para usted en el futuro cercano. Esta carta también puede sugerir que sus sueños creativos están a punto de realizarse.

A la inversa, esta carta significa las dificultades de uno para sentirse cómodo en un nuevo entorno social. Las cosas han cambiado recientemente, pero usted no se está ajustando bien. Usted se siente inseguro, cauteloso, alienado e incómodo. Intente canalizar la felicidad y trabaje en curar sus heridas emocionales más profundas para corregir este desequilibrio.

Rey de Copas

El Rey de Copas demuestra que una persona masculina sensible, espiritual y emocional puede estar a punto de entrar en su vida, pero también puede sugerir que un nuevo camino espiritual o artístico, está a punto de revelarse en su lugar. Busque trabajos o personas interesadas en los campos de la publicación, la música, el arte o el teatro.

A la inversa, esta carta significa que su pareja, o pareja potencial, está demasiado distraída para poder amarlo a usted o a él mismo por completo. Podría ser que la relación lo pille desprevenido, pero es más probable que sea un problema de abuso de sustancias. Esta carta es tanto una advertencia como una oportunidad para la transformación.

Pentáculos u Oros (Monedas / Anillos / Discos)

Los pentáculos, mejor conocidos como Oros, monedas, anillos y discos, representan la misma energía. Este Palo de cartas tiene que ver con el materialismo, la vida hogareña y la tierra. Los Oros a menudo significan lo que se realiza y luego se pone en acción. Además, están asociados con las épocas invernales del año.

As de Oros

¡El As de Oros o Pentáculos sugiere que la ganancia financiera está en su horizonte! Hay un indicio de que algo próspero comenzará pronto para usted. Además, usted puede sentir una profunda paz en este momento con respecto a su trabajo, sus relaciones y su vida hogareña. Sin embargo, podría ser que solo uno de estos aspectos de su vida evoque esta sensación serena.

A la inversa, esta carta significa que podría ser controlado por algún vicio. La codicia, la lujuria, la adicción, la envidia y la pereza tienen más probabilidades de ser el vicio en cuestión. Suelte los apegos innecesarios para solucionar este problema.

2 de Oros

El 2 de Oros simboliza la necesidad de confiar en los próximos tiempos difíciles. Usted puede sentir instintivamente que debe proceder con precaución, pero ese impulso no es la mejor opción para usted en este momento. Abrace al universo y a las posibilidades que otros ofrecerán. Encuentre un equilibrio entre intelecto y juego, y recuerde confiar en el proceso.

A la inversa, esta carta significa que lo que usted está tratando de equilibrar o estabilizar no está funcionando exactamente. Usted corre el riesgo de perder dinero y recursos si sigue el camino que empezó. Proceda con precaución.

3 de Oros

¡El 3 de Oros le muestra cómo ha cosechado los frutos de su trabajo! Todo en lo que ha estado trabajando pronto finalizará, y recibirá toda la compensación y elogios necesarios, ¡así que tenga paciencia! Si usted tiene la sensatez de mejorar el trabajo que ha realizado, ¡siga esa intuición! Es probable que desarrolle su proyecto a un nivel aún más avanzado y próspero.

A la inversa, esta carta significa que la pereza, o el miedo, se ha interpuesto en el camino de su éxito. Sus proyectos están incompletos debido a dudas o postergaciones. Si siente que algo o alguien lo ha estado minando, intente encontrar la fuente de ese problema para que pueda darse cuenta de los frutos de su trabajo a tiempo.

4 de Oros

El 4 de Oros significa que se están construyendo unos cimientos en relación con posesiones materiales o riqueza. Ciertamente, su arduo trabajo está dando sus frutos, y usted puede estar en camino de construir un imperio a partir de ese trabajo. Sin embargo, ¡asegúrese de no desligarse demasiado de las personas y las emociones con todo este enfoque en las finanzas y el trabajo!

A la inversa, esta carta significa que finalmente es hora de abrirse y liberar las cargas emocionales a las que usted ha estado aferrado durante tanto tiempo. Es posible que usted haya estado haciendo un depósito de emociones "improductivas", y ahora es el momento perfecto para encararlo de frente, para que pueda sanar y avanzar.

5 de Oros

El 5 de Oros representa duelos financieros. La pérdida inesperada recientemente lo abofeteó ¡o lo hará pronto!, por lo que se siente debilitado, decepcionado y desilusionado. No permita que este dolor lo desmorone por completo, ya que los bienes materiales pueden recuperarse. Vuelva a examinar su vida para ver qué otros tipos de abundancia puede haber pasado por alto para curar está herida.

A la inversa, esta carta significa un punto de inflexión. Es posible que no sea financiero, y es más que probable que esté basado en una relación. Este punto de inflexión ha sido señalado a través de su intenso deseo de recrear intimidades emocionales fallidas con nuevas personas. Permita que estos nuevos fundamentos de relación se organicen a partir de las ruinas de lo que otros han dejado atrás. ¡Transforme esa negatividad en algo más productivo!

6 de Oros

El 6 de Oros simboliza que usted no puede recibir abundancia en el vacío: tiene que poner bondad y abundancia en el mundo para recibirla por sí mismo. Esta carta, por lo tanto, alienta a las personas a canalizar la generosidad con los demás tanto como sea posible. Cuanto más desinteresado pueda ser, más podrá el universo reconocer su bondad, y luego le proveerá en especie.

A la inversa, esta carta significa luchas con el dinero y deuda con los demás. Usted puede estar atravesando un período de egoísmo, o puede estar intentando tener más precaución, cuando se trata de dinero. Cualquier cosa que pueda hacer para ser desinteresado y generoso lo ayudará a curar este desequilibrio. Una vez que cure el desequilibrio, el universo también le enviará recompensas.

7 de Oros

¡El 7 de Oros revela que es hora de cosechar los frutos de sus relaciones! Ya sea desde el punto de vista profesional, personal o romántico, sus relaciones serán especialmente abundantes en este momento, y probablemente usted aprenderá una buena cantidad de lecciones en términos de relacionarse con los demás. No se preocupe por interferir con las cosas en su vida para afirmar cualquier crecimiento futuro, ya que sucederá sin ningún esfuerzo de su parte. Usted está alineado con el éxito, y lo único que puede hacer para ayudar es limpiar cualquier desorden emocional, físico o espiritual que quede.

A la inversa, esta carta significa que su vida, su trabajo y/o sus relaciones no son actualmente satisfactorias. No solo son insatisfactorios; también son enérgicamente frustrantes. Si usted siente que las cosas son injustas o desiguales en estos reinos en este momento, no deje que la paciencia o el agotamiento se interpongan en su camino para expresar su verdad.

8 de Oros

El 8 de Oros es una carta centrada en la paciencia. Esta carta reconoce que actualmente usted tiene objetivos enormes y que ha estado trabajando mucho. Ve sus éxitos y dificultades, y quiere que tenga aún más éxito, pero debe saber que este resultado requerirá aún más trabajo duro. ¡Trabaje como una tortuga lenta y constante, hasta que sus objetivos finales estén firmemente establecidos y a la vista!

Podría ser que usted esté a punto de ingresar a una pasantía o aprendizaje que también realinee su dirección por completo.

A la inversa, esta carta significa que usted espera tener éxito sin ningún trabajo que respalde estas esperanzas. Usted tiene grandes sueños, pero es físicamente vago. Hay una disyunción, un desequilibrio, entre la teoría y la práctica, y realmente no se establecerá y será prolífico hasta que corrija estos desequilibrios. ¡De hecho, usted podría estar en el campo vocacional equivocado por completo!

9 de Oros

El 9 de Oros representa todo lo que el éxito le dará a su vida una vez que lo alcance. Usted experimentará abundancia de todo tipo, y tendrá nuevos placeres que experimentar con otras personas de su confianza. Además, esta carta sugiere que usted solo podrá lograr ese éxito una vez que su entorno coincida con sus valores. Puede ser que se requiera un cambio de vocación para que usted pueda trabajar alineado con su ética.

A la inversa, esta carta significa que usted está perdido en el camino que ha encontrado a pesar de haber trabajado tan duro. Podría ser que usted no ha encontrado su camino en absoluto, y esa verdad le pesa. Por otro lado, podría ser que usted no puede aceptar la responsabilidad necesaria para tener éxito de esta manera. Reubique sus prioridades y vuelva a ponerse en contacto con la disciplina para equilibrar este problema.

10 de Oros

El 10 de Oros se centra en lo que se llama una actitud de gratitud o una mentalidad de abundancia. ¡Cuando usted saca el 10 de Oros, su ser superior le dice que se despierte y se dé cuenta de sus bendiciones! Es probable que haya mucho más allá de lo que ha percibido recientemente. Sienta el peso de esas bendiciones en su vida, exprese gratitud a menudo y acepte que su mentalidad atrae abundancia. Si usted está trabajando para atraer abundancia de esta naturaleza sin éxito, no se preocupe. Esta carta le recuerda que los resultados a veces tardan en mostrar un mensaje. Para usted, esta vez el mensaje es probable: sea paciente.

A la inversa, esta carta significa que los lazos familiares son problemáticos o improductivos para usted en este momento. Puede ayudarlo a ver una distinción entre "familia de la Tierra" y "familia elegida". Acoja a sus amigos, sus mascotas y sus colegas cercanos como parientes, y permítase desapegarse y liberar las presiones que ejerce cualquier miembro problemático de la "familia de la Tierra". Usted no les debe nada, especialmente si no lo aprecian.

Sota de Oros

La Sota de Oros insiste en que una nueva y rentable fase de su vida está por comenzar. ¡Especialmente en este momento, tome nota de cualquier idea que se le ocurra! Es probable que sean las semillas intelectuales de su futuro negocio u otros proyectos de alto rendimiento.

A la inversa, esta carta significa que usted ha estado trabajando demasiado para algo que es solo una idea, al menos en este punto. No se extienda demasiado para un proyecto que está lejos de completarse. ¡Trabaje, planifique y relájese! Ese último paso es crucial para su salud mental y física.

El Caballero de Oros

El Caballero de Oros representa que una persona o enfoque, práctica y de apoyo, está a punto de impactar su vida intensamente. Sus objetivos para el futuro inmediato probablemente impliquen volver a estar en contacto con la salud a través de una nueva dieta, en la práctica de la dieta o el ejercicio. Esta carta también puede significar que pronto se emprenderá un viaje por tierra.

A la inversa, esta carta significa que una persona o actitud, está demasiado centrada en la abundancia material en detrimento de las prácticas espirituales, emocionales y mentales de mejora. ¡No se olvide de concentrarse en curarse y afirmarse por completo, en lugar de solo una parte de sí mismo! Además, esta carta puede representar la confusión interna que se convierte en positividad de varias maneras.

La Reina de Oros

La Reina de Oros representa a una persona o actitud, que necesita dedicar más cuidado al cuerpo, la tierra, las posesiones, el patrimonio financiero y/o las relaciones. Le pregunta al consultante qué está haciendo para mantener la tierra de donde venimos. Además, esta carta puede representar la necesidad de darse un capricho si los tiempos han sido difíciles.

A la inversa, esta carta significa un desafortunado estado interno durante el cual es posible que no reconozca, confíe o se mantenga a sí mismo, sus instintos y sus sueños. Vuelva a estar afuera y en contacto con la naturaleza si siente que esta disociación está ocurriendo. También, puede recalibrar estos sentimientos acerca de usted volviendo a estar en contacto con su ser animal. Deje de lado lo que está acumulando y done bienes materiales que no le sirvan. Eche un vistazo a las cosas para encontrarse nuevamente.

Rey de Oros

El Rey de Oros se trata de buscar y lograr mejoras en su situación financiera. Usted ha estado trabajando mucho y duro, y esos esfuerzos están a punto de dar resultado si aún no lo han hecho. Su propio potencial para el éxito tradicional, artística o profesionalmente, está justo debajo de sus narices.

A la inversa, esta carta significa lo peor que la energía terrenal de alto rendimiento tiene para ofrecer. Esencialmente, sugiere terquedad, rigidez, falta de respeto, condescendencia, vulgaridad, celos e insuficiencia general, orgullosamente haciéndose pasar por éxito. Esté atento a esta energía problemática en su vida.

Trucos de Memorización

Esta sección está dedicada a establecer y explicar 5 trucos diferentes que usted puede usar para facilitar la memorización de todos los significados del tarot. Hay patrones y significados ocultos en el mazo que usted necesita saber para que las cosas sean inmensamente más simples. ¡Consulte los trucos a continuación para obtener más información!

Truco 1: La Historia en Los Arcanos Mayores

Si usted tiene dificultades para recordar el orden de los Arcanos Mayores, este truco puede ayudarle mucho. Del mismo modo, si le cuesta recordar los significados de las cartas de Arcanos Mayores, este truco será igualmente útil. Hay una historia sobre la historia de la humanidad que se cuenta en estas primeras 22 cartas, y una vez que usted conoce esa historia y sus progresos, es posible que le resulte mucho más fácil comprender su propio mazo. La historia sigue este camino básico: al principio, la humanidad surgió de lo DESCONOCIDO (El Loco, 0). Entonces, estos humanos torpes se dieron cuenta de la fuerza de su VOLUNTAD (El Mago, # 1) para cambiar sus circunstancias, la importancia de la INTUICIÓN (La Sacerdotisa, # 2) para decir lo que es verdad, el valor de CREATIVIDAD (La Emperatriz, # 3) para poblar el mundo, y el engaño de la RAZÓN (El Emperador, # 4), ya que es tan importante pero tan difícil de alcanzar por completo. La TRADICIÓN (El Hierofante, # 5) les enseñó a estos humanos lo que tenía valor, pero la OPCIÓN (El Amante, # 6) les dio la capacidad de seleccionar lo que querían para ellos mismos. Los humanos se levantaron TRIUNFANTES (El Carro, # 7) con sus libertades y se sintieron DETERMINADOS (Fuerza, # 8) para enfrentarse al mundo en constante expansión. Sin embargo, con todos estos éxitos, la humanidad se volvió INTROSPECTIVA (El Ermitaño, # 9) con respecto a todas esas elecciones y caminos no tomados. La humanidad sintió el verdadero peso de todos los CAMBIOS que pasaban (La Rueda de la Fortuna, # 10) en su mundo circundante y sintió la necesidad de un verdadero EQUILIBRIO (La Justicia, # 11). Con este impulso de equilibrio, sin embargo, había una necesidad de SACRIFICIO (El Ahorcado, # 12) y FINALES (Muerte, # 13) de lo que ya no servía a la población. Al final, se logró una MEZCLA (La Templanza, # 14) de culturas y temperamentos en beneficio de todos. Las COSAS MATERIALES (El Diablo, # 15) aumentaron, junto con sus fuerzas destructivas, mientras que nuestras PERSONAS PROFUNDAS (La Torre, # 16) en esas pérdidas a menudo fueron ignoradas. Aun así, algunos humanos tenían ESPERANZA (La Estrella, # 17), mientras que otros estaban atrapados en las mismas DELUSIONES e ILUSIONES (La Luna, # 18) que las cosas ya no necesitaban cambiar. Finalmente, la verdad fue ILUMINADA (El Sol, # 19) para que todos la vieran, y grandes DESPIERTOS (El Juicio, # 20) se extendieron por toda la tierra. La espiritualidad despertó en la población, dándoles el verdadero REGALO (El Mundo, # 21) de la existencia. Finalmente, los nuevos humanos nacieron con INOCENCIA fresca (El Loco, # 22), a pesar de los errores de sus antepasados, continuando este ciclo en el futuro.

Truco 2: Los Elementos en los Palos de Cartas

Un gran truco para recordar el significado de cada palo de cartas en los Arcanos Menores, es asociar un elemento natural con cada uno. Los Bastos están asociados con el fuego, las copas están vinculadas con el agua, Oros significa tierra y las Espadas están asociadas al aire. Elementalmente, eso significa que los Bastos están vinculados con la energía inicial, la aventura, los viajes, las pasiones y la acción, por lo que cualquier carta de bastos que usted robe, tendrá esta energía profundamente infundida. Las copas están vinculadas con la emocionalidad, los sentimientos profundos, la introspección, la curación y la curiosidad, por lo que cualquier copa que usted saque tendrá esta energía asociada. Por lo tanto, los Oros están asociados con la conexión a tierra, la vida familiar, la vida doméstica, el trabajo de la tierra, la jardinería, los bienes materiales y las perspectivas financieras, por lo que cualquier Oro que saque tendrá esta energía esencial. Finalmente, las Espadas están vinculadas con la exploración intelectual, las capacidades mentales, la sociabilidad, el desarrollo educativo y la mente misma, por lo que cualquier Espada que usted saque en una lectura se relacionará con este tipo de enfoque.

Truco 3: El Significado de los Números

Si bien esta asociación se explicará completamente en el capítulo 6, por ahora, será suficiente decir que los números en cada carta significan más que su orden sucesivo en la serie. Los números contienen un poder y un significado intenso, y si usted puede entender lo que significan los números en cada carta, le será mucho más fácil memorizar tanto los Arcanos mayores como los Menores.

Truco 4: Las Cartas de la Corte / Cara

Dentro de los Arcanos Menores, se pueden trabajar 16-20 cartas individualmente para facilitar el tiempo de memorización. Estas cartas son las cartas de la Corte o Cara, a menudo llamadas Sota, Caballero, Reina, Rey y el As, estas cartas pueden tener diferentes nombres, como Princesa, Príncipe, etc. Consulte su mazo para obtener más detalles para ver cómo el autor decidió llamarlos.

Esencialmente, cada una de estas cartas representa una fase diferente de la autoexpresión del individuo. Mientras que los Arcanos Mayores discuten los misterios internos de la humanidad en su conjunto y su viaje a través del tiempo hasta hoy, los Arcanos Menores hablan más sobre personas individuales, rasgos y experiencias que llegan a dar forma a la autoexpresión de cada persona en esta vida.

Cada vez que vea una Sota, sepa que la energía se centra en la energía sin experiencia que le duele por la autoexpresión. Las Sotas de Copas y Oros representan la energía femenina de la diosa, la lentitud y la receptividad, mientras que las Sotas de Espadas y Bastos representan la energía masculina del Dios, la actividad y la proyección. Esta energía sin experiencia también es idealista e inocente, independientemente de su asociación de género.

Cada vez que usted vea a un Caballero, debe saber que la energía se centra en la energía inmadura que necesita conocimiento y enseñanzas. Los Caballeros en Copas y Oros son femeninos, mientras que en Espadas y Bastos son masculinos, como con las Sotas. Esta energía inmadura del Caballero también es encantadora y esperanzadora en su enfoque, independientemente de su asociación de género.

Cada vez que usted vea una Reina, debe saber que la energía se centra en una mayor madurez y en la actualización de los objetivos. Al igual que con las Sotas y los Caballeros, las Reinas se dividen en femeninas (Copas y Oros) y masculinas (Espadas y Bastos), lo que afecta la interpretación energética de la carta. Por ejemplo, una Reina de Espadas representa la actualización de objetivos intelectuales, mientras que la Reina de Bastos representa la actualización de objetivos físicos o apasionados.

Siempre que usted vea un Rey, debe saber que la energía se centra en la responsabilidad, el conocimiento, el cinismo y la desilusión. Al igual que con el resto de las cartas de la Corte, existen diferentes asociaciones de género para los Reyes en función de su tipo de palo. Finalmente, los Reyes sugieren que lo que uno deseaba no era tan satisfactorio como se esperaba, de ahí la responsabilidad junto con la desilusión.

Finalmente, cada vez que vea un As, sepa que la energía se centra en nuevos comienzos y corazonadas para una nueva acción. Al igual que las otras cartas del mismo palo, cada palo tiene una asociación de género que afecta en qué lugar de la vida sentirá o notará estos nuevos comienzos. ¡Eso lo resume todo! ¡Para su conveniencia, hay un ejercicio incluido en el capítulo 5 que lo ayudará a practicar este útil truco de memorización!

Truco 5: ¡Lea mucho!

Este truco de memorización no es necesariamente el más fácil de todos, ¡pero seguramente será útil! Lo esencial es conseguir tantos libros sobre tarot como usted pueda. Si es posible, ¡busque también diferentes tipos de mazos! Lea sobre los significados de las cartas, las imágenes y la forma en que el autor habla sobre memorizar los significados. Lea todo lo que pueda y a cuantos más libros de tarot pueda acceder, más rápido usted podrá entender lo que significan y cómo funcionan todos juntos.

Capítulo 4: Las Tiradas del Tarot

Ahora que usted ha elegido su mazo y tiene una comprensión básica de cada carta, ya sea en su memoria de trabajo o para aprovechar más adelante en estas páginas, usted ya está listo para la parte divertida: ¡hacer sus propias lecturas de tarot! Este capítulo viene equipado con 20 tiradas diferentes para que pueda practicar con sus cartas, y cada tirada tiene un tema o intención específica. ¡Usted encontrará tiradas para la introspección y la conciencia, para cada signo en el zodiaco occidental, para el autodiagnóstico de la enfermedad y mucho más!

Antes de hacer cualquier lectura de tarot o tirada, asegúrese de limpiar su mazo si se está usando para otra persona o si alguien más tocó su mazo recientemente por algún motivo, baraje bien y póngase en el momento con todas las ideas sobre qué le preguntará al mazo.

Para limpiar su mazo, si es necesario, la mejor técnica es usar humo. Encienda una varita de incienso y pase sus cartas por el humo o aplique la misma técnica con el humo de los paquetes de salvia quemados u otros paquetes de hierbas secas, inciensos o resinas. También puede limpiar su mazo con cristales haciendo una rejilla de cristal alrededor de su mazo o colocando una piedra de limpieza poderosa como la amatista o el cuarzo transparente, encima de su mazo mientras espera. ¡Solo un minuto en el humo o con los cristales debería ser suficiente! Luego, baraje las cartas suavemente mientras calma su mente y piensa en la pregunta que hará.

1. Tirada para el pasado, presente y futuro:

Para esta lectura del tarot, usted se enfocará en el lugar de donde viene (su pasado), dónde está ahora (su presente) y dónde está a punto de ir (su futuro). Usted solo necesita sacar 3 cartas, así que después de haber limpiado y barajado su mazo, piense en esos tres elementos: su pasado, su presente y su futuro. Piense en lo que ha luchado y dónde espera estar. Coloque las tres cartas boca abajo primero y ordénelas de la manera que desee, pero asegúrese de que la primera represente su pasado, la segunda represente su presente y la tercera represente su futuro. Voltee los tres a la vez o una a la vez para adivinar sus respuestas.

2. Tirada para identificar los tres aspectos del Ser:

Al igual que en la última tirada, usted solo sacará 3 cartas, pero a diferencia de la última tirada, usted pensará en sí mismo como un ser completo en lugar de en momentos de tu vida. Después de limpiar y barajar el mazo, por lo tanto, pida a las cartas que le den una idea de, por ejemplo, sus 3 rasgos más fuertes, sus 3 debilidades más grandes, sus 3 lecciones más importantes para esta vida, sus 3 mejores posibilidades de trabajo, o cualesquiera otros 3 aspectos principales de usted. Al igual que con la primera tirada, siéntase libre de voltear todas las cartas de una vez o de interpretar una a la vez.

3. Tirada de la Autoidentificación (La Gran Cruz Celta):

Esta tirada requiere algunas cartas más para completar que las dos anteriores. Usted necesitará sacar 10 cartas para esta lectura, y puede colocarlas de la manera que desee, pero, en realidad, la idea general es hacer una forma de cruz con sus cartas. Puede encontrar réplicas exactas de esta tirada en línea si desea una imagen para obtener ayuda, pero se explicará de la manera más simple posible, para que no tenga que buscar en otro lado. Comience como de costumbre: limpie y baraje su mazo. Mientras baraja, elija una pregunta para enfocarse sobre usted o su vida.

Coloque su primera carta en el medio del espacio frente a usted. La carta 1 lo representará a usted y a su relación general con la pregunta que hace. La carta 2 se colocará encima de la carta 1 pero de lado, haciendo un cruce sobre esa primera carta, y la carta 2 representará cualquier obstáculo que se interponga directamente en su camino.

La carta 3 va a la izquierda de la carta 1, y representará lo que está detrás de usted, lo que ha trabajado y lo que ahora puede usar como ventaja. La carta 4 va al otro lado de la carta 1, al lado derecho. Representará lo que generalmente le espera y lo que puede necesitar tener en cuenta.

La carta 5 va debajo de la carta 1, y sugiere algo en lo que usted ha crecido, algo que está debajo de usted de lo que tuvo que aprender para evolucionar. La carta 6 va por encima de la carta 1, y habla sobre las mejores cualidades de sí mismo y la forma en que usted accede a su ser superior. Ahora, al mirar estas primeras 6 cartas, ¡debería tener esa forma cruzada básica establecida! Siéntase libre de voltear estas cartas ahora y procesar su significado en términos de su pregunta.

Las siguientes cuatro cartas van una detrás de la otra en una línea vertical al lado de su cruz en su lado derecho. Comenzando en la parte inferior, coloque la carta 7, que representará cómo se siente al avanzar con este nuevo conocimiento. Luego, encima de la carta 7, coloque la carta 8, que demostrará cuáles son las actitudes de las personas a su alrededor en relación con este asunto.

Arriba de la carta 8 va la carta 9, que habla sobre sus mayores temores y esperanzas en términos de avanzar con este conocimiento. Finalmente, la carta 10 va por encima de la carta 9, y sugiere literalmente lo que vendrá después, ya sea que eso signifique una experiencia, un cambio de vida, una persona u otro elemento. Dé la vuelta a estas cuatro cartas ahora e interprete su significado solo, así como en referencia a las 6 cartas originales. ¡Seguramente tendrá algunas preguntas sobre sí mismo con esta tirada!

4. Tirada para Aries:

Esta tirada funcionará mejor tanto para los lectores como para las personas que son Aries de signo solar o signo ascendente, por lo que, si no usted no es un Aries, pero está leyendo las cartas para alguien que lo es, esta podría ser una gran tirada ¡para empezar! Si usted es un Aries, pruebe esta lectura por sí mismo para ver lo que puede descubrir.

Para esta lectura, usted necesitará sacar 7 cartas, y puede colocarlas de la forma que quiera, ¡pero asegúrese de recordar el orden! Además, no tiene que hacer necesariamente una pregunta asociada con esta tirada, ya que simplemente puede aprender de las cartas a medida que salen. Pero si una pregunta le pesa en el corazón como Aries, seguramente también encontrará alguna respuesta a través de esta lectura.

La carta 1 representará cómo le va físicamente. La carta 2 demostrará cómo es su nivel de energía general, y la carta 3 le dice cómo le está yendo en términos de control. ¿Está descontrolado? ¿O se centró en tener éxito? La carta 3 tendrá algo que decir al respecto.

La carta 4 habla sobre cómo es su entusiasmo por la vida y qué tan entusiasta se siente. La carta 5 le dice a qué le huye Aries en la vida. La carta 6 le muestra cómo enfocar mejor sus metas y sueños, y la carta 7 revela cuáles son esas metas y sueños más profundos y verdaderos. Coloque sus cartas de una en una y procéselas individualmente para obtener los mejores resultados.

5. Tirada para Tauro:

Del mismo modo que para la tirada de Aries, esta tirada funciona mejor para los lectores y las preguntas de Tauro, ¡así que tenga cuidado! Esta lectura de Tauro requiere 7 cartas, y también se pueden colocar de la forma que el lector quiera. Una vez más, no es necesario que usted haga una pregunta con esta tirada, ya que proporcionará buenos consejos y dirección para Tauro independientemente.

La carta 1 le pide a Tauro que profundice e investigue cuáles son sus opiniones y posturas sobre el dinero y las posesiones en este momento. La carta 2 analiza el estado de sus finanzas actuales, y la carta 3 se analiza un poco más al examinar qué habilidades y talentos está utilizando para obtener estos ingresos.

La carta 4 se pregunta si Tauro ha estado sintiendo placer sexual recientemente y si es así, cómo fueron las experiencias. La carta 5 analiza cómo Tauro se relaciona con el lujo y el exceso, mientras que la carta 6 cuestiona cómo el paciente Tauro ha podido ser últimamente. Finalmente, la carta 7 examina los celos y la posesividad fuera de los bienes materiales. Idealmente, esta carta mostrará dónde se encuentran actualmente las mayores luchas de Tauro. Al igual que con la tirada de Aries, coloque cada carta una a una y procese cada una antes de seguir adelante.

6. Tirada para Géminis:

En la misma línea que las dos tiradas anteriores, esta funcionará mejor para los lectores y los consultantes que son Géminis signo solar o ascendente, y tendrá que sacar 8 cartas para esta lectura. Al igual que con las otras lecturas astrológicas, usted puede colocar sus cartas de la forma que desee, y es mejor colocarlas una a una y procesarlas individualmente. Nuevamente, no es necesario que haga una pregunta con esta tirada, ya que proporcionará buenos consejos y orientación para Géminis independientemente.

La carta 1 para la tirada de Géminis habla sobre cómo está funcionando su mente en este momento. La carta 2 verifica su verdad y se pregunta qué tan bien puede mentir en este momento, y la carta 3 se pregunta qué o quién podría estar investigando o viendo actualmente.

La carta 4 habla sobre la familia y verifica cómo van las cosas para usted con sus padres y hermanos. La carta 5 analiza la comunicación: ¿cómo van las cosas? ¿Pelea más de lo que está de acuerdo? ¿Se comunica de forma agradable o agresiva? ¿Qué sucede cuando se mete en una pelea? Considere estas preguntas para la carta 5.

La carta 6 debate la duda para Géminis. ¿Qué le detiene con el poder de la duda? La carta 7 se pregunta si usted es delirante o demasiado soñador con algo en su vida, y la carta 8 es la patada para Géminis, el signo de los gemelos: ¿cómo es su relación con su gemelo interno y cómo es su gemelo interno?

7. Tirada para Cáncer:

Para todos los cánceres, esta es la hora de su tirada, y deberá extraer 8 cartas para esta lectura. Una vez más, puede organizarlas de la forma que desee, pero asegúrese de procesarlas de una en una. Realmente usted no necesita hacer una pregunta con esta tirada, ya que proporcionará buenos consejos y orientación para Cáncer igualmente.

La carta 1 le dice a Cáncer de dónde proviene, cómo y en qué circunstancias familiares dieron a luz a esta persona y qué complejidades pueden haber ayudado a darle forma. La carta

2 le pregunta cuáles son sus sueños, ¡Cáncer! La carta 3 se pregunta cómo es su vida hogareña actual, y la carta 4 cuestiona específicamente cómo ve a su padre.

La carta 5 le muestra cuánto necesita una red de seguridad para sentirse feliz y seguro en el mundo, y la carta 6 le pregunta cómo o qué tan intensamente expresa sus sentimientos más profundos. La carta 7 habla de su compasión: ¿qué tan amable y considerado es realmente? Y finalmente, la carta 8 pregunta qué tan psíquico es o será y qué tan despiertas y avanzadas son sus habilidades en este momento.

8. Tirada para Leo:

Esta tirada para los Leo funciona como las otras lecturas astrológicas, ya que es la mejor para los lectores de Leo. Usted sacará 7 cartas para esta distribución, y puede organizarlas de la forma que quiera, pero asegúrese de procesarlas de una en una. Una vez más, no es necesario que haga una pregunta con esta tirada, ya que proporcionará buenos consejos y orientación a Leo independientemente.

La carta 1 cuestiona cuán intenso y dominante es el ego de Leo ego en este momento. La carta 2 ve el mundo como un escenario y se pregunta en qué parte de esa etapa está actuando en estos días. La carta 3 busca dentro de usted a su niño interior, para ver si él o ella está allí y qué tan saludable es ese "niño" hoy. La carta 4 se pregunta sobre su vida amorosa: ¿cómo van las cosas y cómo se siente sobre el amor y el romance en este momento?

La carta 5 examina su admiración, respeto y compasión por los niños, y la carta 6 analiza dónde se arriesga y saborea las libertades arriesgadas. Finalmente, la carta 7 mira hacia su parte leona. Si bien puede ser el rey o la reina de la jungla, ¿Usted es un gobernante generoso o malvado?

9. Tirada para Virgo:

Esta tirada para los Virgos funciona como las otras lecturas astrológicas en que es mejor para los lectores y los consultantes de Virgo. Usted sacará 8 cartas para esta distribución, y puede organizarlas de la forma que quiera, pero asegúrese de procesarlas de una en una. Nuevamente, no es necesario que haga una pregunta con esta tirada, ya que proporcionará buenos consejos y orientación para Virgo independientemente.

Cuando usted saca la carta 1 para Virgo, revelará piezas de cómo se siente acerca de su cuerpo como un aspecto de sí mismo. La carta 2 revelará lo interesado que está en la curación o los estudios médicos. La carta 3 habla sobre su salud física en este momento, y la carta 4 pregunta cómo se siente con respecto al trabajo.

La carta 5 le dirá cómo está funcionando su mente analítica y si está siendo demasiado crítico. La carta 6 analiza la facilidad con la que se ajusta después de las dificultades, y la carta 7 revela cuán consistente es y si es hipócrita. Esta carta le mostrará si también es demasiado perfeccionista. Finalmente, la carta 8 se pregunta qué tan distante está de la vida por ser demasiado cauteloso.

10. Tirada para Libra:

Esta tirada para los Libras funciona como las otras lecturas astrológicas en que es mejor para los lectores y los consultantes de Libra. Usted sacará 9 cartas para esta distribución, y puede organizarlas de la forma que quiera, pero asegúrese de procesarlas de una en una. Nuevamente, no es necesario que haga una pregunta con esta extensión, ya que proporcionará buenos consejos y dirección para Libra independientemente.

La primera carta de Libra hablará sobre la toma de decisiones, ya que a los Libra les cuesta mucho tomar decisiones estereotipadas. La carta 2 muestra cómo se forman relaciones con los demás y cómo se vincula socialmente. La carta 3 analiza cómo se relaciona con los demás en un entorno profesional o vocacional, y la carta 4 trata más sobre en qué parte de su vida se esfuerza por luchar por la paz.

La carta 5 revela su potencial de perdón o venganza y cuál de los dos le es más familiar. La carta 6 analiza sus relaciones íntimas y se pregunta qué regala a estos amantes. La carta 7 lo alienta a ver cómo puede estar reprimiendo algunos de sus sentimientos, y la carta 8 interpreta cuán artísticos pueden ser sus sentimientos. Finalmente, la carta 9 analiza sus peores rasgos: ¿cómo actúa o parece falso y hosco?

11. Tirada para Escorpio:

Esta tirada para Escorpio funciona como las otras lecturas astrológicas, ya que es la mejor para lectores y consultantes de Escorpio. Usted sacará 8 cartas para esta tirada, y puede organizarlas de la forma que quiera, pero asegúrese de procesarlas de una en una. Nuevamente, no es necesario que haga una pregunta con esta tirada, ya que proporcionará buenos consejos y dirección para Escorpio independientemente.

La primera carta para Escorpio se relaciona con la tirada de la carta 7 de Libra: ¿qué está reprimiendo emocionalmente y qué tiende a ser reprimido más que cualquier otra cosa? La carta 2 le obliga a enfrentar sus tabúes, y la carta 3 le alienta a abrazar su verdadera sexualidad. La carta 4 muestra cómo conceptualiza su propia muerte, y la carta 5 revela sus valores más íntimos, en caso de que no los haya nombrado ya.

La carta 6 muestra qué legados potenciales y derechos de nacimiento serán suyos, y la carta 7 se vuelve personal al obligarlo a enfrentar su propia tendencia o tendencias de autodestrucción. Finalmente, la carta 8 lo compara con el agua, como el elemento de Escorpio: ¿Usted es un arroyo, un lago, un río o un océano? En otras palabras, ¿qué tan profundo es y cuál es su capacidad de intensidad espiritual, emocional e intelectual en esta vida?

12. Tirada para Sagitario:

Esta tirada para Sagitario funciona como las otras lecturas astrológicas, ya que es la mejor para los lectores y consultantes de Sagitario. Usted sacará 6 cartas para esta tirada, y puede organizarlas de la forma que usted quiera, pero asegúrese de procesarlas de una en una. Una vez más, realmente usted no necesita hacer una pregunta con esta tirada, ya que proporcionará buenos consejos y dirección para Sagitario independientemente de la consulta.

La primera carta para Sagitario representa cómo está interactuando con su esfera social. ¿Qué papel juega usted en estos entornos? La carta 2 examina cómo ha sido su educación hasta ahora, y la carta 3 se enfoca en sus creencias o prácticas religiosas más arraigadas. La carta 4 revela el alcance o impacto de viajar y aventuras que ha realizado en el mundo exterior, mientras que la carta 5 hace lo mismo para cualquier recorrido y viaje que haya hecho o que pueda estar haciendo ahora en referencia a su propio mundo interior. Finalmente, la carta 6 muestra dónde se encuentra en su búsqueda de significado y propósito para toda la vida ¡así como lo que puede esperar del futuro cercano!

13. Tirada para Capricornio:

Esta tirada para los Capricornio funciona como las otras lecturas astrológicas ya que es mejor para los lectores y las consultantes de Capricornio. Usted sacará 7 cartas para esta distribución, y puede organizarlas de la forma que quiera, pero asegúrese de procesarlas de una en una. Nuevamente, no es necesario que haga una pregunta con esta tirada, ya que proporcionará buenos consejos y dirección para Capricornio de todos modos.

La carta 1 para Capricornio analiza cómo se siente acerca de su carrera y qué espera sentir para ese futuro vocacional. La carta 2 revela cuán intensos son sus deseos de poder y fama, mientras que la carta 3 analiza cómo es como individuo: ¿Usted es tan intenso como sus deseos de poder, es serio y es responsable?

La carta 4 muestra cómo sus valores se alinean con los valores del mundo en su conjunto, y la carta 5 examina su relación con su madre en esta vida. La carta 6 destaca a lo que debe aspirar, en relación a sus objetivos y éxitos en este mundo. Finalmente, la carta 7 revela hacia dónde apunta con todo este arduo trabajo, consideración y dedicación.

14. Tirada para Acuario:

Esta tirada para Acuario funciona como las otras lecturas astrológicas, ya que es la mejor para los lectores y las consultantes de Acuario. Usted sacará 8 cartas para esta tirada, y puede organizarlas de la forma que quiera, pero asegúrese de procesarlas de una en una. Nuevamente, realmente usted no necesita hacer una pregunta con esta tirada, ya que proporcionará buenos consejos y dirección para Acuario independientemente de la pregunta.

Para Acuario, su primera carta mostrará a los amigos más cercanos en su vida en este momento y lo que representan para usted. La carta 2 muestra cómo se siente acerca de la libertad y si está atrapado en algún aspecto de su vida en este momento. La carta 3 señala su papel en el grupo: ¿es usted un líder, un trabajador, un seguidor o qué? La carta 4 tiene que ver con la oposición: ¿contra qué trabaja en la sociedad actual en la que habita? ¿Qué impulsos revolucionarios tiene profundamente?

La carta 5 revela cuán impulsivo puede ser, y la carta 6 analiza si se siente digno, superior o inferior a los demás en esta vida. La carta 7 le pregunta si se está subestimando a sí mismo o si tiene un sentido de sí mismo inflado, y finalmente, la carta 8 le muestra el camino que debe seguir para poder vivir sus sueños y seguir a sus estrellas.

15. Tirada para Piscis:

Esta tirada para Piscis funciona como las otras lecturas astrológicas, ya que es la mejor para los lectores y consultantes de Piscis. Usted sacará 7 cartas para esta tirada, y puede organizarlas de la forma que quiera, pero asegúrese de procesarlas de una en una. Nuevamente, realmente no necesita hacer una pregunta con esta tirada, ya que proporcionará buenos consejos y dirección para Piscis independientemente de la pregunta.

La primera carta de Piscis se pregunta qué tan idealista y optimista es, o, por el contrario, qué pesimista o realista es en su lugar. La carta 2 corta al núcleo y revela su tendencia al sacrificio personal o al martirio, ya sea intelectual o emocional. La carta 3 muestra el camino espiritual en el que ha estado y hacia dónde puede llevarlo.

Piscis es el escapista del zodiaco occidental, y la lectura mantendrá las cosas reales al demostrar a qué es adicto en esta vida con la carta 4. La carta 5 revela los adversarios ocultos que pueden estar entrando en su vida, mientras que la carta 6 señala dónde puede ser metafóricamente encarcelado o atrapado. Finalmente, la carta 7 dibuja el camino que lo salvará de estos contratiempos y lo que tiene que esperar una vez que esté liberado.

16. Tirada para el Autodiagnóstico de la enfermedad:

Para esta lectura del tarot, nos alejaremos de los temas astrológicos y nos dirigiremos hacia la salud. Esta tirada tiene la intención de explicar, descifrar y localizar la fuente de su enfermedad interna o externa. Usted sacará 5 cartas para esta tirada, y es ideal que se siente en el suelo para hacer esta lectura, ya que organizará esas 5 cartas a su alrededor como cinco puntos de una estrella con usted en el centro.

La carta 1 se colocará directamente frente a usted, y significa la fuente de su poder, cómo obtiene energía y cómo su cuerpo usa esa energía. La carta 2 se colocará a su derecha como el segundo punto de la estrella, y representa lo que está sintiendo actualmente en términos de enfermedad. La carta 3 se colocará a su derecha y ligeramente detrás de usted como el tercer punto de la estrella. Sugiere de dónde podría venir esa enfermedad espiritual o emocionalmente.

La carta 4 se colocará a su izquierda y ligeramente detrás de usted, y representa las influencias de los demás o las luchas de vidas pasadas que pueden estar haciendo que esta enfermedad sea más pronunciada en este momento. Finalmente, la carta 5 se colocará a su izquierda como el punto final de la estrella. Esta carta significa cómo usted puede cambiar las cosas y cómo puede comenzar a acercarse a la curación autodirigida para esta enfermedad.

17. Tirada para el Año Nuevo:

¡Esta simple tirada de 12 cartas se puede usar para la celebración del Año Nuevo de cualquier cultura, siempre y cuando la cultura en cuestión se base en un calendario de 12 meses! Usted sacará 1 carta por cada mes, y puede colocarlas todas boca abajo antes de entregarlas de una en una para procesarlas. Mientras usted baraja el mazo después de la limpieza, puede dejar que las cartas generalmente pronostiquen los temas principales del año que viene, o siempre puede infundir su lectura con un tema o pregunta en particular que le gustaría responder.

18. ¡Tirada por su cumpleaños!:

Para su cumpleaños este año, ¡haga una tirada de cartas de Tarot para saber lo que le aguarda! Es absolutamente simple y puede extraer cualquier cantidad de cartas que desee. Su primera lectura de cumpleaños consistirá en una extracción de 3 cartas, con la primera carta representando el año pasado que dejo atrás, la segunda carta indicando lo que trae para el próximo año y la tercera carta sugiriendo cómo será el próximo año. Permítase crecer. También usted puede hacer una tirada de 12 cartas para cada mes del año próximo como la tirada anterior del Año Nuevo, una tirada de 4 o 5 cartas para cada semana en su mes de cumpleaños, una tirada de 7 cartas para cada día de su semana de cumpleaños, o una extracción de 1 carta para la mayor lección que tendrá que enfrentar este año.

19.   Tirada de La Pirámide (Facetas del Yo):

Esta tirada de 6 cartas muestra 6 lados diferentes del yo, y cada carta se colocará para formar una pirámide. Los antiguos egipcios creían que había numerosas facetas del yo, algunas de las cuales compartimos libremente con otros y otras que mantenemos ocultas. Por lo tanto, habrá algunos aspectos del yo que se revelarán en esta lectura del tarot que usted tendrá que enfrentar, pero una vez que lo haga, podrá crecer de una manera que tal vez nunca haya considerado por sí mismo.

Cuando saque la carta 1, imagine que está comenzando a construir la base de su pirámide. Puede dejarlo boca arriba y esperar hasta que "construya" toda su pirámide de cartas, o puede darle la vuelta de inmediato para ver el lado del ser del que está orgulloso, de lo que ha crecido conscientemente y está ansioso por compartir con otros. La carta 2 irá a la derecha de la carta 1, y representará el lado del ser del que se avergüenza y lo que mantiene oculto a toda costa. La carta 3 va a la derecha de la carta 2 y sugiere el lado suyo que sacrificará cualquier cosa por los demás, el lado mártir.

La carta 4 establecerá la segunda fila de la pirámide, así que colóquela encima de las cartas 1 y 2, pero justo entre ellas. Esta carta demuestra el lado erudito de usted mismo, el de un amante del conocimiento. ¿Hacia qué área de estudio siente este amor y qué hace cuando lo siente? La carta 5 va a la derecha de la carta 4, y debe estar arriba y entre las cartas 2 y 3. Esta carta significa el lado del yo que es un amante. ¿Cómo ama, a quién ama y cómo puede compartirlo con el mundo? Finalmente, la carta 6 formará la parte superior de la pirámide en una fila sobre las cartas 4 y 5 pero justo entre ellas. Esta carta representa el aspecto final de su pirámide, que es cómo une todas estas otras facetas y las fusiona en su identidad y autoexpresión.

20.   Tirada para la semana que viene:

Similar a la tirada del Año Nuevo, que requiere una carta para cada mes del año, esta lectura para la semana siguiente requiere tantas cartas como días hay en la semana. Una vez que usted haya sacado esas 7 cartas, organícelas de la manera que desee y gírelas individualmente o todas a la vez. Ya sea que comience su calendario mental el lunes o el domingo, la primera carta que coloque puede variar, así que elija lo que le parezca más adecuado. Para mí, la carta 1 es el domingo, la carta 2 es el lunes, la carta 3 es el martes, etc. ¡Esta lectura le dará una gran idea de qué esperar de la próxima semana cuando necesite un impulso psíquico!

Si bien algunas de estas tiradas de tarot son más complicadas que otras, todas demuestran ser un muy buen lugar para comenzar. Son accesibles, son fáciles de entender, son perspicaces y serán extremadamente útiles tanto en su vida en general como en su creciente relación con el tarot. Usted puede encontrar cualquier cantidad de tiradas adicionales en otros libros y en línea, ¡pero también puede inventar sus propias lecturas de tarot a medida que avanza! ¡Pruébelas para comenzar, luego abra las compuertas! ¡Hay mucho por explorar!

Capítulo 5: Ejercicios y Potenciadores Cerebrales

Si usted todavía está buscando relacionarse más con el tarot, aparte de simplemente mirar las cartas para aprenderlas o probar las lecturas, ¡no tema! Usted no ha llegado al final del camino del tarot, porque hay mucho más que puede hacer. Este capítulo proporciona 10 ejercicios con las cartas con las que puede jugar para comprender mejor de qué se trata el tarot.

Hay una calificación de dificultad incluida en la explicación de cada ejercicio para que usted sepa en qué se está metiendo. La calificación utiliza una escala simple de 1 a 3, donde 1 es súper fácil, 2 es dificultad promedio y 3 es más complicado. Además, antes de que usted finalice este capítulo, recibirá 3 consejos para usar como potenciadores cerebrales con su experiencia general de tarot. ¡Hay mucho que aprender, así que sumérjase en este increíble mundo!

Ejercicio 1: Encuentre su carta del Tarot para el año

Este ejercicio lo llevará a profundizar en el significado de una carta cada año, y la carta vinculada a usted se volverá increíblemente simbólica durante los próximos 12 meses. En el comienzo del Año Nuevo, a medida que el número del año se acerca a uno más, usted puede calcular su Carta de Crecimiento del tarot para el año que viene. Todo lo que usted tiene que hacer es agregar el día y el mes de su cumpleaños con los dígitos del año nuevo. Por ejemplo, digamos que su cumpleaños es el 5/25/1961, y acaba de convertirse en 2019. Agregaría 5 (el mes) + 2 + 5 (el día) para obtener 12 y luego agregar 12 + 2 + 0 + 1 + 9 para obtener su número final, el 24.

Luego, asociaría este número con su carta correspondiente en los Arcanos Mayores. Sin embargo, solo hay 22 cartas en los Arcanos Mayores, por lo que si llega a un número mayor que 22 (como el 24 de este ejemplo), sumará los dígitos individuales del número para encontrar qué carta se vincula con usted. Por ejemplo, 24 se convierte en 2 + 4, que es 6, por lo que la carta de Arcano Mayor correspondiente a esta persona en este Año Nuevo serían los Amantes. Al observar esta carta de cerca por su simbolismo y al analizar todos sus significados potenciales, esta persona descubrirá qué le depara el próximo año.

Nivel de dificultad: 1.

Ejercicio 2: Reúna algunos Mazos

Este ejercicio está diseñado para ayudarlo a comprender el simbolismo detrás de las cartas en lugar de solo la información, los significados y las palabras incluidas dentro de ellas. Puedo explicarle qué significa cada carta por un largo período de tiempo, pero de esta forma no aprenderá. ¡En cambio, usted puede visualizarlo con su mazo! Y si tiene varias barajas, combínelas y vea qué pensaban los diferentes artistas, por ejemplo, la carta de la Luna o la carta de Fuerza.

Este tipo de acercamiento es una excelente manera de percibir los mensajes detrás de las imágenes, ya que hay tantas imágenes y símbolos dentro de las fotografías de cada carta que pueden permitirle comprender sus significados mejor que cualquier libro de descripciones. Esencialmente, si usted puede, reúna algunos mazos y mire las imágenes en las fotografías. Tome notas si lo desea, pero incluso con solo mirar, ampliará enormemente su apreciación de las cartas.

Nivel de dificultad: 2, simplemente debido al costo de adquirir varias barajas.

Ejercicio 3: Saque una carta diariamente

Para familiarizarse más con su mazo en particular, así como con las cartas en general, ¡usted está absolutamente invitado a comenzar a sacar una carta diaria! Esta práctica es extremadamente efectiva para ayudar a los recién llegados al tarot a comprender mejor lo que pueden ofrecer sus mazos y el tarot en general. Depende de usted si saca su carta por la mañana, a medio día o por la noche después de que todo haya sucedido, pero el punto es sacar una carta cada día para que usted esté practicando constantemente con el mazo mientras aumenta su adivinación y habilidades psíquicas.

Para aquellos que en realidad son principiantes del tarot, siempre recomiendo comenzar este ejercicio con todas las cartas orientadas en la misma dirección. Sin la opción de carta "invertida" en juego, usted puede obtener un conocimiento sólido de lo que significan las cartas en general. Luego, después de algunas semanas o meses de retirar una carta por día, cuando usted esté listo para agregar la opción "revertida", ¡hágalo! Encontrará que esperar para agregar esta capa de tarot realmente puede ayudar a aquellos que están abrumados o confundidos.

Nivel de dificultad: 1.

Ejercicio 4: Descargue una App del Tarot

Si aún no tiene su propio mazo o si no quiere llevar su mazo a todas partes, intente descargar una aplicación para el tarot en su teléfono o tableta. Hay muchas buenas aplicaciones de tarot, y muchas de ellas son gratuitas. Con frecuencia, las aplicaciones de este tipo ofrecen opciones para lecturas diarias, tiradas de tarot más grandes, información de cartas individuales y, a veces, incluso el diario según las cartas que extrae.

Puede parecer ingenioso abordar el tarot tecnológicamente, pero se aplican las mismas reglas que se explicarán en el consejo 3 más adelante. Usted está a cargo, no las cartas ni la aplicación. Su yo superior es quién guía la lectura y quién entrega el significado general. Por lo tanto, ¡no toque la opción de la aplicación hasta que la haya probado! Le sorprenderá lo útil que es tener un mazo virtual con usted en cualquier lugar. Cuando se trata de eso, ¡también es una opción útil, práctica e informativa! ¡Cuanto más rápido se familiarice con estas cartas, mejor!

Nivel de dificultad:1.

Ejercicio 5: Haga un cuadro para sus sacadas diarias

Para aquellos que son más estudiosos y que aman hacer listas, está obligado a seguir el ejercicio 5 de inmediato. El objetivo de este ejercicio es permitirle rastrear las cartas que sacó en el último año, observar patrones y observar temas en sus lecturas en función de lo que sucedió en su vida. Todo lo que tiene que hacer es comenzar una práctica diaria de sacar una carta cada día. Entonces, es hora de ser astuto.

Usted deberá hacer un gran cuadro con tal vez 10 columnas en la parte superior, y cada carta de la baraja del tarot formando filas hacia abajo. Según la carta que extraiga cada día, marcará en el cuadro cuál era, y tras un mes, unos meses o un año, verá con qué frecuencia ha extraído cada carta y cuáles podría haber evitado de alguna manera. En función de estas frecuencias y evasiones accidentales, encontrará qué temas se han reproducido en los últimos meses o años, y también puede mejorar su comprensión general de las cartas.

Nivel de dificultad: 3, requiere enfoque y consistencia en el tiempo, así como creatividad.

Ejercicio 6: ¿Qué quieren transmitirle las cartas?

Este ejercicio es como hacer una lectura de tarot a la inversa. A menudo, usted sabe lo que colocará, cuántas cartas habrá y qué simbolizará cada carta. Sin embargo, este ejercicio le da la vuelta a ese método y, por lo tanto, le ayuda a acceder mejor a su conexión con su yo superior y con las cartas. En definitiva, usted seguirá limpiando, barajando y vibrando con la baraja como de costumbre. Todavía usted puede hacer una pregunta general al mazo o sentir cierta energía cuando baraja, esperando respuestas y resoluciones. El truco es que usted no sabrá para qué está tirando las cartas hasta que saque la carta.

Usted deberá estar muy abierto, centrado y conectado a la tierra cuando intente este ejercicio porque es un poco más difícil. También debe ser muy abierto y estar conectado a la tierra porque tendrá que indagar más profundo en sí mismo y con las cartas esta vez después de hacer su pregunta. Cuando saque cada carta, siéntese con ella por unos momentos antes de darle la vuelta para que pueda dejar que su yo superior le diga a qué aspecto de su pregunta se refiere esa carta.

Usted puede sacar tantas cartas como sea necesario, y le recomiendo que trate de tomar nota de lo que significan tan pronto como obtenga esa información de su yo superior. De esa manera, cuando finalmente voltee las cartas, aún recordará a qué se refiere cada una en referencia a su pregunta general. En ese momento, puede realizar su lectura, como de costumbre, para ver cómo se ha respondido su pregunta.

Nivel de dificultad: 3. Requiere intuición fuerte y enfoque psíquico.

Ejercicio 7: Encuentre un "compañero de estudios" del Tarot

Puede que no parezca inminentemente útil, ¡pero otra persona que se interese en el tarot puede marcar la diferencia para algunos practicantes principiantes! El trabajo en grupo puede ser increíblemente beneficioso en referencia al tarot porque las personas en el grupo se hacen responsables entre sí, y se puede generar un estudio intensivo de las cartas. Además, trabajar con al menos otra persona puede mantener actualizada la información, permitiéndole aprender más sobre el tarot aún más rápido. ¡Espero que terminen haciendo lecturas el uno para el otro para poner el conocimiento en práctica!

Nivel de dificultad: 2.

Ejercicio 8: Asocie sus propias palabras clave para cada carta

¡Este ejercicio es para aquellas personas más estudiosas que quieren entender los significados de sus cartas rápidamente sin deslumbrar! La esencia del ejercicio es revisar todas las cartas del mazo, y en un diario o cuaderno, tomar nota de 2-4 palabras clave que describen cada una. ¡Eventualmente, usted puede usar su cuaderno de palabras clave cuando realiza sus lecturas más de lo que usa la información provista en este libro! Independientemente de cómo lo use, poner esta gran cantidad de información en sus propias palabras y luego escribir todo eso le permite a su cerebro procesar cada pieza de conocimiento mejor y de manera más integral.

Para aquellos que son más estudiosos y buscan aún más trabajo, les recomiendo hacer el mismo ejercicio para los significados "invertidos" de las cartas también. Por otro lado, ¡siempre podría escribir 2 palabras clave para la ubicación estándar de la carta y 2 palabras clave más para la ubicación "invertida" en el mismo diario! Sin embargo, si usted elige hacerlo, este ejercicio le ayudará absolutamente a comprender mejor su mazo y le dará un poderoso impulso psíquico y de confianza para todas sus lecturas futuras.

Nivel de dificultad: 2. Requiere una buena cantidad de esfuerzo.

Ejercicio 9: Pruébelo con las Cartas de la Corte únicamente

A veces, la gente se abruma con todo el mazo de tarot, por lo que recomendaré un ejercicio basado en simplificar. Esencialmente, usted puede sacar cualquier segmento de la baraja del tarot y usarlo para su lectura en lugar de todo el mazo. Me gusta elegir segmentos relacionados de la baraja para ejercicios de este tipo. Por ejemplo, este ejercicio en particular recomienda que usted intente algunas lecturas usando solo las cartas de La Corte (o cara) en los Arcanos Menores.

Hay 56 cartas en los Arcanos Menores en comparación con las 22 de los Arcanos Mayores, por lo que incluso trabajar con todo el segmento Menor puede ser mucho para un practicante abrumado. Simplifique aún más las cosas sacando todos los ases, sotas, caballeros, reinas y reyes de cada conjunto y usándolos solo para algunas lecturas. Las lecturas de esta naturaleza son más adecuadas para preguntas sobre eventos de la vida más grandes o consultas sobre personas en su vida. Seguramente usted obtendrá respuestas firmes a sus preguntas, pero también aprenderá mucho más sobre estas 20 cartas en el mazo de tarot de lo que lo haría si fueran solo 20 de 56 (o 20 de 78).

Nivel de dificultad: 1.

Ejercicio 10: Pruébelo con el Arcano Mayor únicamente

Similar al ejercicio 9, este ejercicio se enfoca en leer la fortuna de uno usando solo las 22 cartas de Arcanos Mayores. Estas cartas demuestran los principales eventos en la vida de uno, por lo que las preguntas más adecuadas para este tipo de lectura son las relacionadas con el "sabor" de la dirección de la vida, qué etapa de la vida está experimentando y cuáles deberían ser sus objetivos generales en esta vida.

Nivel de dificultad: 1.

Ahora, para dividir las cosas en términos de estos ejercicios, ¡es hora de ir directamente a los consejos! Si se siente abrumado por el tarot, confundido, inseguro o mal dirigido, siga estos consejos y no se equivocará, lo prometo. Además, si usted necesita un poco de apoyo o consejos positivos y alentadores, vuelva a leer estos consejos. Seguramente le recordarán lo poderoso que puede ser usted y su mazo de tarot.

Consejo 1: No se exceda ni se abrume

Si usted se siente abrumado por el tarot, ¡trate de no entrar en pánico y no se rinda! Estas cartas demuestran poderosos arquetipos energéticos que pueden enseñarnos mucho, ¡y sería una lástima que renuncie simplemente porque hay mucha información! ¡Por supuesto que sí! Recuerde ver la diversión en ese conocimiento, y cuando se sienta abrumado, intente reducir las cosas a un enfoque más simple. Intente una lectura más simple o use los ejercicios 9 o 10 para escalar el mazo a una cantidad manejable de información. Procese un poco a la vez y podrá liberarse de este sentimiento en muy poco tiempo.

Para aquellos que no están necesariamente abrumados por el tarot pero que, tal vez, están tratando de hacer demasiado, considere esto: puede que esté haciendo mucho con las cartas, pero ¿Usted realmente las conoce? ¿Realmente usted recuerda alguna de las tiradas que ha hecho y está empezando a recordar alguna carta en particular? El objetivo es responder estas preguntas con un firme y rotundo "sí", por lo que, si necesita volver a simplificar y rescatar las cosas a una cantidad de contenido más manejable, incluso si siente que no necesita este paso, no lo haga. ¡No se avergüence! Continúe con el cambio de escala y luego volverá a emerger con confianza, conocimiento y con la verdadera capacidad para manejar todo ese nivel de antes.

Consejo 2: Lleve un Diario de Tarot

Cualquiera que lea cartas del tarot se beneficiará al llevar un diario de tarot. ¡Ni siquiera necesita un cuaderno físico, ya que puede guardar notas en su teléfono! Tenga en cuenta qué cartas aparecen a menudo y qué cartas le atraen particularmente. Tenga en cuenta cómo se siente con respecto a sus lecturas, cuán precisas son y cómo piensa continuar con su vida después. Cuanto más procese esta gran cantidad de información, mejor podrá integrar las experiencias de aprendizaje en su vida, ¡así que no tenga miedo de anotar cosas que le parecen importantes!

Por otra parte, y si funciona para usted, comience a grabar esas experiencias de tarot, lecturas de tarot y extracciones de cartas intensas. Con el tiempo, puede notar parones entre las cartas extraídas y eventos en su vida o momentos emocionales. ¡También puede notar que sus poderes psíquicos y su intuición crecen, y esas cosas son igualmente importantes tenerlas en cuenta! Aproveche las ofertas de cambio de tarot manteniendo un registro de cada realización que altere la vida. En unos años, usted será un experto en tarot con esta práctica.

Consejo 3: Recuerde quién está al mando

Sé que todavía es difícil de imaginar, pero cuando usted hace lecturas de tarot, es la estrella. Su yo superior se conecta con usted a través de los arquetipos en las cartas, y esa conexión le permite responder estas preguntas con sinceridad y proporcionarle dirección para su futuro. Cuando se sienta abrumado o frustrado por el tarot, ¡no deje que su enojo con las cartas se interponga en el camino! ¡No es su culpa! Todavía está aprendiendo, y eso está absolutamente bien. Permítase ser paciente, ser perdonado y ser el responsable de la experiencia.

Si usted está frustrado porque no comprende los mensajes que le dicen las cartas, trate de recordar que puede ser usted quien no está abierto a recibir los mensajes. No es que las cartas no tengan valor o sean de mala calidad; probablemente ni siquiera es que estén equivocadas. Cuando usted sienta esta frustración, recuerde que el poder del tarot reside en su propia alma. Ábrase al mensaje e intente acercarse a la tirada nuevamente. ¡No se enoje consigo mismo cuando las cosas se vuelvan frustrantes o confusas! Todo es una práctica que se asentará y solidificará dentro de usted a tiempo. El aprendizaje puede ser difícil, pero su futuro le agradecerá haberse tomado el tiempo para aprender.

Capítulo 6: Extensiones del Tarot

El tarot tiene conexiones íntimas e innatas con los mundos de la numerología y la astrología. Cada carta está asociada a un número, y cada número tiene un significado específico que puede ayudarlo a comprender mejor las cartas. Además, cada carta tiene una energía arquetípica que se une bien con los símbolos del zodiaco occidental. El Tarot observa estos símbolos astrológicos y energías elementales y ve el reflejo de algunas de sus propias cartas y energías.

Este capítulo estará dedicado a descifrar estas conexiones íntimas e innatas. Primero veremos el poder de la numerología en relación con el tarot antes de participar en asociaciones astrológicas y elementales. Espero que al final de este capítulo, usted tenga algunos trucos más para memorizar su mazo, y también pueda comprender el poder de los símbolos que se ejecutan a través de todos estos poderosos sistemas de adivinación, incluida la lectura del tarot, la numerología, astrología, entre tantos otros. Usted será un experto en leer el tarot en muy poco tiempo con estas importantes extensiones informativas.

Tarot y Numerología

El tercer truco de memorización en el capítulo 3, insinuó que los números tienen un significado profundo que a menudo no se reconoce. El tarot es un gran reino para finalmente reconocer esa verdad. Además, ese tercer truco sugiere que, al memorizar las asociaciones numerológicas, usted podrá recordar los temas principales en su mazo fácilmente y de forma más accesible. Los detalles de esas asociaciones se revelarán a continuación.

Recuerde que cada carta está asociada con un número, y la mayoría de los mazos imprimirán el número directamente en la carta para su comodidad. El número de Arcanos Mayores de 1-22 (o 0), y los Arcanos Menores van de Ases a Reyes, que técnicamente numeran de 0 a 14. Mire el número en la carta y alinéelo con el elemento de la carta (recuerde que el truco # 2 en el capítulo 3 revela estas asociaciones), para tener una comprensión básica de todo el mazo sin necesidad de tener un libro en sus manos.

El significado del 0 (Cero)

Se dice que el cero representa todo lo que existe como potencial en el universo. 0 es la conexión que compartimos con todo lo demás a través del simple hecho de que existimos. Estamos aquí ahora, y eso significa que podemos ser cualquier cosa. El 0 revela ese potencial. El 0 también demuestra los conceptos de conexión, comprensión e integridad.

El significado del 1

Se dice que el número 1 representa nuevos comienzos, tomar iniciativas y encontrar un sentido simple de finalización. Es un número cumplido en sí mismo, y tiene su propio equilibrio interno que no depende de nada más. El 1 demuestra la promesa de que algo bueno vendrá, y también se relaciona con los poderes de manifestación de uno.

El significado del 2

Se dice que el número 2 representa las relaciones de uno con los demás. Significa conectividad, intimidad y romance, así como relaciones platónicas de todo tipo. El 2 trata sobre la interacción, la interactividad y la elección que usted tiene dentro de todas esas opciones variables. El 2 demuestra que toda esa experiencia con los demás tiene que enseñarlo.

El significado del 3

Se dice que el número 3 representa lo que sucede como producto de la unión. El 2 trata sobre esa unión en muchos sentidos, pero el 3 revela el producto creativo resultante. El 3 es la esencia de la creatividad y la expresión. Además, demuestra el camino del crecimiento. El 3 demuestra la importancia y el valor de la síntesis.

El significado del 4

Se dice que el número 4 representa estabilidad, vida en el hogar y estructura. El 4 se trata de lo que sucede debajo de 4 paredes, o lo que se completa con una cuarta línea: el cuadrado. El cuadrado además simboliza la perfección numerológica de alguna manera. El 4 es un número que existe dentro de la naturaleza también como columna vertebral y estabilizador, por lo que demuestra este mundo material que habitamos.

El significado del 5

Se dice que el número 5 representa tanto la salud como la crisis en la salud. Es el mismo número que el número de puntos que hay en una estrella, que se relaciona con el pentagrama, asociado con el desinterés y la bondad y el Pentáculo u Oro es su inverso, asociado con el autoenfoque y la variabilidad. El 5 es un número divino que revela que vendrá una transformación; sin embargo, también demuestra los extremos de ese potencial de transformación.

El significado del 6

Se dice que el número 6 representa armonía o equilibrio natural, y es otro número que sugiere que una unión está en orden. En este caso, 6 representa el matrimonio divino entre lo divino masculino y lo divino femenino, que puede tener lugar dentro de cada individuo, así como entre individuos en el mundo. Es un número que demuestra la conexión y el conocimiento integrado que surgirá de ella.

El significado del 7

Se dice que el número 7 representa la magia misma. El 7 es el número de misterios, lo oculto, lo divino y lo que permanece oculto, aunque a menudo a la vista. Este número se correlaciona con la educación ampliada en muchos niveles, ya sea que esto ocurra a través del estudio autoguiado, la práctica espiritual, metafóricamente volver a lo básico o, literalmente, volver a la escuela. En resumen, el 7 demuestra lo que puede suceder cuando se experimenta, toma riesgos, investiga y desarrolla su propia magia interior.

El significado del 8

Se dice que el número 8 representa la abundancia misma. El 8 también es un número de manifestación que está íntimamente conectado con lo divino. En muchos calendarios paganos, se celebraron 8 días festivos, y 8 todavía representa el número de días festivos de temporada que apreciamos. El 8 demuestra la importancia de la adoración y la celebración, así como todo lo que proviene de eso: la prosperidad y la esencia de la abundancia.

El significado del 9

Se dice que el número 9 representa la finalización que apunta hacia el liderazgo. Usted está siguiendo un ciclo que está a punto de completarse, y eso entrañará nuevas opciones para usted. El 9 significa esta energía. Además, el 9 demuestra lo que sucede cuando es completamente desinteresado y se deja guiar por la divinidad. El 9 trata sobre la curación que se puede realizar para uno mismo y para los demás cuando se ama abiertamente.

El significado del 10

El número 10 combina las energías de 1 y 0; se dice que representa nuevos comienzos como el número 1, pero es más importante acerca de cómo los finales a menudo son nuevos comienzos disfrazados, utilizando también esa energía esencial del 0. El 10 es una serie de culminación y cosas que terminan. También es un número que demuestra frescura y transformación.

El significado del 11

El número 11 combina las energías de 1 y 1. Se dice que representa el despertar espiritual. En el tarot, el 11 se asocia con las Páginas de los Arcanos Menores y con la carta de Justicia de los Arcanos Mayores, pero el número en sí representa la intuición, la inspiración y la conexión con el yo superior. El 11 demuestra la importancia de escuchar tanto la voz interior como las voces del mundo para establecer la ética, la moral, la dirección y un sentido de justicia.

El significado del 12

El número 12 combina las energías de 1 y 2. Se dice que representa nuevos comienzos basados en la liberación, la independencia y la autosuficiencia. En el tarot, el 12 se asocia con los Caballeros de los

Arcanos Menores y con la carta del Ahorcado de los Arcanos Mayores, pero el número en sí representa lo que sucede cuando usted se da cuenta de su propósito de vida y/o misión del alma: todo lo falso se desvanece, y se vuelve la versión más auténtica posible de sí mismo. El 12 demuestra esa capacidad.

El significado del 13

El número 13 combina las energías de 1 y 3; se dice que representa los poderes de manifestación de uno. En el tarot, el 13 se asocia con Reinas de los Arcanos Menores y con la carta de la Muerte de los Arcanos Mayores, pero el número en sí mismo representa que lo que parece duro puede ser exactamente lo que usted pidió. El 13 le muestra cómo sus circunstancias son más de lo que cree, antes de lo que se había dado cuenta, pero también demuestra el potencial para abrir nuevos caminos con esta realización.

El significado del 14

El número 14 combina las energías de 1 y 4. Se dice que representa una advertencia con respecto al dinero y que pronto se realizarán algunas pruebas. En el tarot, el 14 se asocia con los Reyes de los Arcanos Menores y con la Templanza de los Arcanos Mayores, pero el número en sí representa los sacrificios que puede tener que hacer si desea alcanzar sus objetivos. Demuestra desafíos beneficiosos por delante que resultarán en éxitos duraderos.

El significado del 15

El número 15 combina las energías de 1 y 5. Se dice que representa su creciente conciencia de que se avecina un cambio positivo. Usted está a punto de darse cuenta de lo que le ha estado frenando todo el tiempo, y eso puede ser doloroso, pero usted emergerá más fuerte que nunca. El 15 le recuerda que mantenga sus ojos en el premio para que no lo frenen las luchas que le esperan. Demuestre resistencia, fuerza, transformación necesaria e introspección.

El significado del 16

El número 16 combina las energías de 1 y 6. Se dice que representa el éxito material por venir. El 16 tiene que ver con su capacidad para convertir los obstáculos en resultados positivos, y el número sugiere que usted puede encontrar el siguiente ejemplo de esta habilidad antes de lo que pensaba. El 16 lo alienta a tener fe y mantenerse firme, ya que demuestra cómo su fuerza de voluntad ganará después de todo.

El significado del 17

El número 17 combina las energías de 1 y 7. Se dice que representa un aspecto de subir de nivel en su vida. En su mayor parte, el 17 se relaciona con la experiencia de manifestación nivelada. Su intuición será su mejor guía a través de esta adaptación, ¡pero recuerde que los grandes cambios son inminentes! El 17 demuestra cómo tendrá que subir al plató para que se produzca esta nivelación.

El significado del 18

El número 18 combina las energías de 1 y 8. Se dice que representa un mayor discernimiento, sabiduría y confianza. El resultado de tal positividad será una mayor capacidad de abundancia, que funciona bien después de los 17 años y le da toda la experiencia de manifestación que podría necesitar. El 18 lo alentará a usar toda esa abundancia en beneficio de la humanidad también. El 18 es desinteresado, si no algo idealista, y esa es una combinación hermosa.

El significado del 19

El número 19 combina las energías de 1 y 9. Se dice que representa algo similar a lo que hace el número 10, mostrándonos que los finales a menudo proporcionan los mejores y más nuevos comienzos. El 19 es el número que revela su propósito divino y lo conecta con esa experiencia. Se trata de la estabilidad inherente que puede proporcionar la autoayuda, y demuestra los cambios que puede incorporar a su vida cuando puede enfrentar sus lados más oscuros.

El significado del 20

El número 20 combina las energías de 2 y 0; se dice que representa que la armonía viene hacia usted mientras viva con compasión, amor y conexión con su intuición. El 20 también fomenta la acción con otros que valida estos dones de compasión, amor e intuición. A través de la acción apropiada, se puede establecer la armonía, y el 20 demuestra ese potencial hermoso y liberador.

El significado del 21

El número 21 combina las energías de 2 y 1. Se dice que representa energía pura en la expresión, ya sea verbal, física o metafísica. El 21 es un número de manifestación, así como uno transformador, y alienta a tomar nuevas direcciones con sus nuevos modos de expresión. El 21 acompaña el carisma y la comunicación genuina con los demás, lo que demuestra una versión más evolucionada del yo.

El significado del 22

El número 22 combina las energías de 2 y 2. Se dice que representa el logro y el poder adquirido. El 22 también es un número representativo de asociaciones exitosas, pero esto podría tener pertinencia para los esfuerzos vocacionales de uno más que los románticos. El 22 demuestra cómo la confianza y el trabajo duro dan sus frutos y cómo abundan las bendiciones cuando se logra una vida armoniosa.

El Tarot y la Astrología Occidental

Cada signo del zodiaco en la astrología occidental se relaciona con una energía arquetípica de la baraja del tarot. Esta sección le mostrará cómo reconocer esas relaciones, ya que son ciertamente menos que obvias. No es tan simple decir que Aries se vincula con el Mago porque ambos son # 1 en sus respectivas áreas de estudio. ¡No es tan simple en absoluto, pero no se preocupe! Le guiaré a través de las asociaciones, y será menos complejo en poco tiempo.

El Tarot mira a Aries...

... y ve la carta del Emperador del Arcano Mayor. Ambos tienen energías de determinación, compromiso, autoridad aplicada, motivación, lealtad y confiabilidad. Si usted es un Aries que realiza una lectura por sí mismo o si está leyendo para alguien más que es un Aries, elija la carta del Emperador para representarse a sí mismo o al consultante de Aries en cuestión si la lectura solicita una carta de este tipo. Además, si la carta del Emperador surge en la tirada de una persona Aries, probablemente representa a esa persona en sí misma.

El Tarot mira a Tauro...

... y ve la carta Hierofante del Arcano Mayor. Ambos son intensos y penetrantes, no pueden ser superficiales y están profundamente involucrados en la verdad como tradición. Si usted es un Tauro que realiza una lectura por sí mismo, o si está leyendo para alguien que es Tauro, elija la carta Hierofante para representarse a sí mismo o al consultante de Tauro en cuestión, si la lectura solicita una carta de este tipo. Además, si la carta Hierofante surge en la tirada de una persona Tauro, probablemente representa a esa persona en sí misma.

El Tarot mira a Géminis…

… y ve la carta de los Amantes del Arcano Mayor. Ambos están involucrados con puntos de inflexión, decisiones importantes, procedimientos cuidadosos y mantenimiento de la integridad personal. Si usted es un Géminis que realiza una lectura por sí mismo, o si está leyendo para alguien más que es un Géminis, elija la carta de Amantes para representarlo a sí mismo, o al consultante de Géminis en cuestión, si la lectura solicita una carta de este tipo. Además, si la carta de Amantes surge en la tirada de una persona Géminis, probablemente representa a esa persona en sí misma.

El Tarot mira a Cáncer…

… y ve la carta de Carro del Arcano Mayor. Ambos son trascendentes, constantes, buscan seguridad, están parcialmente protegidos por un escudo, son amantes de la libertad, intuitivos y abren caminos. Si usted es un Cáncer que realiza una lectura para usted, o si está leyendo para otra persona que es un Cáncer, elija la carta del Carro para representarse a sí mismo o al consultante sobre el Cáncer en cuestión si la lectura solicita una carta de este tipo. Además, si la carta del Carro surge en la tirada de una persona Cáncer, probablemente representa a esa persona en sí misma.

El Tarot mira a Leo…

… y ve la carta de Fuerza del Arcano Mayor. Ambos son fuertes, emocionales, mentales, valientes y físicos. Ambos prefieren enfrentar sus problemas con gracia en lugar de evitarlos por completo. Si usted es un Leo que realiza una lectura para usted, o si está leyendo para alguien que es un Leo, elija la carta de Fuerza para representarse a sí mismo o al consultante de Leo en cuestión, si la lectura solicita una carta de este tipo. Además, si la carta de Fuerza surge en la tirada de una persona Leo, probablemente representa a esa persona en sí misma.

El Tarot mira a Virgo...

... y ve la carta de Ermitaño del Arcano Mayor. Ambos son decididos pero lentos, cautelosos pero inocentes, experimentados y sabios, pero jóvenes de corazón, exploratorios, pero solo en el interior, y abiertos al mundo, pero vigilados. Si es un Virgo que realiza una lectura por sí mismo, o si está leyendo para alguien que es un Virgo, elija la carta de Ermitaño para representarse a sí mismo o al consultante de Virgo en cuestión, si la lectura solicita una carta de este tipo. Además, si la carta del Ermitaño surge en la tirada de una persona Virgo, es probable que represente a esa persona.

El Tarot mira a Libra...

... y ve la carta de Justicia del Arcano Mayor. Ambos son deseosos, emocionales, alegres, justos, justos y orientados a la justicia. Ambos también deben tener cuidado de notar la diferencia entre lo que es deseo y lo que es necesario. Si usted es un Libra que realiza una lectura para usted, o si está leyendo para otra persona que es Libra, elija la carta de Justicia para representarse a sí mismo o al consultante de Libra en cuestión, si la lectura solicita una carta de este tipo. Además, si la carta de Justicia surge en la tirada de una persona Libra, probablemente representa a esa persona en sí misma.

El Tarot mira a Escorpio...

... y ve la carta de la Muerte del Arcano Mayor. Ambos son intensos, fascinados por la transformación, interesados en renacer, enigmáticos, cambiantes e introspectivos. Ambos también pueden ser extremadamente personales o completamente desapegados, ya que contienen muchos extremos. Si es un Escorpio haciendo una lectura para sí mismo, o si está leyendo para alguien más que es Escorpio, elija la carta de la Muerte para representarse a sí mismo, o al consultante de Escorpio en cuestión, si la lectura solicita una carta de este tipo. Además, si la carta de Muerte surge en la tirada de una persona Escorpio, probablemente representa a esa persona en sí misma.

El Tarot mira a Sagitario...

... y ve la carta de Templanza del Arcano Mayor. Ambos son mediadores talentosos y equilibradores sociales, líderes comprensivos y aventureros conscientes. Si usted es un Sagitario que realiza una lectura para sí, o si está leyendo para alguien que es un Sagitario, elija la carta de Templanza para representarse a sí mismo, o al consultante de Sagitario en cuestión, si la lectura pide una carta de este tipo. Además, si la carta de Templanza surge en la tirada de una persona Sagitario, es probable que la represente.

El Tarot mira a Capricornio...

... y ve la carta del Diablo del Arcano Mayor. Ambos son sombríos pero hábiles, cautelosos conocedores, intensos, pero internamente juguetones, reflexivos, pero seguros, y restrictivos, pero protectores de los demás. Si es un Capricornio que realiza una lectura para usted, o si está leyendo para alguien que es Capricornio, elija la carta del Diablo para representarse a sí mismo o al consultante de Capricornio en cuestión, si la lectura solicita una carta de este tipo. Además, si la carta del Diablo surge en la tirada de una persona de Capricornio, probablemente representa a esa persona en sí misma.

El Tarot mira a Acuario...

... y ve la carta Estrella del Arcano Mayor. Ambos son ilustrados, optimistas, espirituales, líderes, altruistas y humanitarios. Si usted es un Acuario que realiza una lectura para sí mismo, o si está leyendo para alguien que es un Acuario, elija la carta de Estrella para representarse a sí mismo o al consultante de Acuario en cuestión, si la lectura solicita una carta de este tipo. Además, si la carta Estrella surge en la tirada de una persona de Acuario, probablemente representa a esa persona en sí misma.

El Tarot mira a Piscis...

... y ve la carta de la Luna de los Arcanos Mayores. Ambos son soñadores, idealistas, potencialmente engañados, intuitivos, emocionales, fuertes, compasivos, creativos, malhumorados y sutiles. Si usted es un Piscis que realiza una lectura para sí mismo, o si está leyendo para alguien que es un Piscis, elija la carta de la Luna para representarse a sí mismo, o al consultante de Piscis en cuestión, si la lectura solicita una carta de este tipo. Además, si la carta de la Luna surge en la Tirada de una persona de Piscis, probablemente representa a esa persona en sí misma.

El Tarot mira a los Signos de Agua...

... y ve el traje de Copas. Si su acidez proviene de su signo del zodiaco occidental Cáncer, Escorpio y Piscis son signos de agua, su signo del zodiaco oriental Raa y Cerdo son signos de agua, su constitución ayurvédica interna, también conocida como su dosha, las constituciones de Pitta y Kapha son agua, o de lo contrario, aquellos asociados con el elemento del agua, se conectarán mejor con el traje de Copas. Si las Copas surgen para usted en una lectura, significarán positividad y alineación en la misión de su alma o camino de vida. Buscando una carta para demostrar que usted es un signo de agua, elija cualquiera de las cartas de signo de agua, el Carro, la Muerte o la Luna, o elija una de las cartas de la corte / cara en el palo de Copas.

El Tarot mira a los Signos de Fuego...

... y ve el traje de Bastos. Ya sea que su energía de fuego provenga de su signo del zodiaco occidental: Aries, Leo y Sagitario son signos de fuego, su signo del zodiaco oriental: Serpiente y Caballo son signos de fuego, su constitución ayurvédica interna o dosha: Pitta está influenciada principalmente por el fuego, o de lo contrario, aquellos asociados con el elemento de fuego, se conectarán mejor con el traje de Bastos. Si Bastos surge en una lectura que se le haga, significará positividad y alineación en la misión de su alma o en el camino de su vida. Si usted está buscando una carta para demostrar que es un signo de fuego, elija cualquiera de las cartas de signo de fuego: el Emperador, la Fuerza o la Templanza, o elija una de las cartas de la corte en el palo de Bastos.

Tarot mira a los Signos de Aire...

... y ve el traje de Espadas. Si su ligereza proviene de su signo del zodiaco occidental: Géminis, Libra y Acuario son signos de aire, su constitución ayurvédica interna o dosha: Vata está influenciada principalmente por el aire, o de otra manera el zodiaco oriental no tiene alineación con el elemento aire; sustituyen elementos de metal y madera, los asociados con el elemento aire se conectarán mejor con el traje de Espadas. Si las Espadas surgen para usted en una lectura, significarán positividad y alineación en la misión de su alma o en el camino de su vida. Si usted está buscando una carta para demostrar que es un signo de aire, elija cualquiera de las cartas de señal de aire, Amantes, Justicia o Estrella, o elija una de las cartas de la corte en el palo de Espadas.

El Tarot mira a los Signos de Tierra...

... y ve el traje de Oros. Si su terrenalidad proviene de su signo del zodiaco occidental, Tauro, Virgo y Capricornio son signos de tierra, su signo del zodiaco oriental, perro, oveja, buey y dragón, o su constitución ayurvédica interna o dosha, Kapha es principalmente influenciado por tierra, o de lo contrario, aquellos asociados con el elemento de la Tierra se conectarán mejor con el traje de Oros. Si los Oros surgen para usted en una lectura, significarán positividad y alineación en la misión de su alma o en el camino de tu vida. Si usted está buscando una carta para demostrar que es un signo de tierra, elija cualquiera de las cartas de signo de tierra, el Hierofante, el Ermitaño o el Diablo, o elija una de las cartas de la corte en el palo de Oros.

Capítulo 7: Ir más allá del Mazo

Si usted es como yo, este conocimiento sobre el tarot no es suficiente. ¡Ya tiene su propio mazo o colección de mazos, y está trabajando con el conocimiento y está listo para hacer algo con él! Si usted es como yo, estará interesado en pensar en cómo convertir el tarot en una carrera o al menos un "pasatiempo".

Este capítulo está dedicado a ayudarlo a seguir ese camino, si lo desea. El capítulo 7 lo guía a través del tarot vocacional, cómo comenzar, qué opciones comerciales existen e incluso una guía de 5 pasos para las personas que se relacionan con este camino. Si le atrae vivir con la ayuda del tarot, este capítulo está dedicado a usted.

Utilizar el Tarot vocacionalmente

Usar una práctica metafísica como el tarot para comenzar una vocación financiera y de por vida no es la tarea más fácil, pero es una tarea pura, justa y de alta vibración. La lectura vocacional del tarot puede ser un trabajo remoto, o puede ser extremadamente cercano y personal, dependiendo de con qué se sienta cómodo. Podría ejecutar una aplicación, o podría tener una tienda. Podría ofrecer lecturas privadas, o podría hacer trabajo de cara al público. También podría hacer correr la voz sobre su talento y ver quién viene a usted.

Cuando tenga la intención de iniciar un negocio en torno a la metafísica, o específicamente al tarot, recuerde que es mejor diversificarse. Si tiene los medios, abra una tienda metafísica, no solo un estudio psíquico. En esa tienda, sin embargo, ofrezca una sección para lecturas de cartas del tarot para quien desee. Si no tiene los medios, ¡comience con poco y haga la mayor cantidad de conexiones cara a cara con la gente como sea posible! Nunca se sabe quién terminará queriendo donar basado en sus dones.

¿Cómo empezar?

La mejor manera de comenzar con este objetivo es definir sus conceptos básicos. Considere las siguientes preguntas:

• ¿Dónde y con quién está dispuesto (y no dispuesto) a trabajar?

• ¿Qué ofrecerá exactamente? ¿Habrá algo más aparte de las lecturas de tarot? ¿Ofrecerá solo tiradas específicas?

• ¿Insistirá en las calificaciones cumplidas por los clientes de antemano?

• ¿Qué ofrece que sea diferente de otros en su área que hacen lo mismo?

• ¿Cuáles serán sus precios? ¿Cómo cobrará? ¿Tendrá algún tipo de escala móvil para el pago? Si es así, ¿por cuánto tiempo, solo hasta que esté establecido o siempre?

• ¿Cómo se promocionará?

• ¿Usará las redes sociales? Si es así, ¿qué sitios?

• ¿Puede programar o tiene un amigo programador? ¿Puede (o esa persona) hacer una aplicación para compartir su trabajo?

• ¿Puede crear un sitio web?

• ¿Ha considerado Etsy para que comience su plataforma?

• ¿Ya tiene una plataforma de redes sociales que puede expandir para emprender esta aventura?

• ¿Cómo imagina que crecerá su negocio?

• ¿Tiene miedo de poner cosas en línea o de hacer cosas en persona?

Hágase todas estas preguntas y más, ya que es inmensamente útil saber dónde están sus límites desde el principio y cuáles son los principios básicos de su negocio.

Opciones de Negocio

- Ofrecer lecturas de tarot semanales en cualquier espacio público (para comenzar). Las opciones de espacios incluyen cafeterías, restaurantes, bibliotecas, parques y otros lugares.
- Únase a empresas locales para organizar noches de tarot para Girls 'Nights Out y Date Nights.
- Cree una aplicación para compartir sus conocimientos.
- Cree un podcast o un canal de YouTube para compartir sus conocimientos.
- Convierta su negocio "escaparate" inicial en una página de redes sociales.
- Comience un blog sobre su conocimiento para obtener su energía.
- De manera similar, escriba artículos inspirados en el tarot o basados en revistas locales y periódicos.
- Incluso puede intentar obtener su propia columna de tarot en el periódico de su ciudad natal para ayudar a promocionarse.
- Compre y establezca su propio escaparate literal que tendrá solo para lecturas psíquicas y de tarot (o también para ventas de materiales metafísicos).
- Cree un sitio web con opciones para lecturas de tarot virtuales por correo electrónico, por ejemplo.
- Diseñe su propio mazo de tarot e intente "publicarlo".

- Escriba su propio libro de tarot y trabaje para publicarlo.
- Cree un retiro de tarot para personas de alta vibración en su pueblo o ciudad.
- Ofrezca sesiones por Skype o por teléfono y deje volantes con su número en la ciudad.
- Encuentre un dueño de negocio mentor y llegue a un acuerdo con él o ella para promocionar sus productos.
- Del mismo modo, ofrezca lecturas de tarot semanales en su librería local o tienda metafísica.

General 5: Guía General paso a paso para profesionales del Tarot en los negocios

Para aquellos de ustedes que están listos para seguir este camino con el tarot y tomarlo en serio, es probable que la siguiente guía proporcione la columna vertebral logística o ideológica que usted necesita para construir este imperio del tarot para usted y para otros.

Paso 1: Comience pequeño

Para aquellos que recién comienzan con esta transición, realmente ayuda comenzar poco a poco. Especialmente si usted no es el lector de cartas del tarot más seguro, trabajar personalmente con los demás por un tiempo realmente puede darle el impulso de energía, certeza y privacidad que necesita para comenzar a confiar profundamente en estas cartas. Mantenga bajas las expectativas de su negocio para que pueda sorprenderse fácilmente cuando las cosas empiecen a despegar. Le invitamos a comenzar a planificar la infraestructura de su negocio futuro, pero le recomiendo que no se detenga demasiado en los detalles en esta fase de su viaje. La primera fase se trata de explorar las opciones, conocer a algunas personas, hacer lecturas seguras y recordar su pasión en primer lugar.

Paso 2: Comience localmente

Una excelente manera de entrar en escena es comenzar localmente y trabajar con dueños de negocios cuya ética y vibraciones se alineen con las energías del tarot. ¡Encuentre un restaurante vegetariano o vegano local y conozca al propietario, los clientes y los empleados! Puede encontrar sus primeros clientes en este grupo de personas. Además, inténtelo con tiendas metafísicas, librerías de todo tipo, cafeterías y tiendas de alta vibración de todo tipo. Busque personas de ideas afines, haga una lectura de prueba y vea si promocionarán su trabajo. Haga relaciones con los dueños de negocios locales, y puede tener un espacio de viernes o sábado para organizar lecturas en poco tiempo. Conéctese también con otros sanadores de alta vibración en su área. Si puede encontrarlos personalmente, ¡genial! Si tiene que encontrarlos virtualmente, a través de las redes sociales o de otro modo, también está bien. Haga conexiones con estas personas, ya que nunca sabe con quién se unirá en el futuro.

Paso 3: Encuentre un Mentor

Nunca se sabe quién podría apoyarlo, ¡así que no tenga miedo de contactar a posibles patrocinadores para que también sean mentores! Los dueños de negocios locales son maravillosos, pero también puede comenzar a socializar con otros amantes de la adivinación para encontrar un verdadero mentor metafísico. De hecho, esta etapa de su viaje no es obligatoria, pero puede ayudar sustancialmente a desarrollar su plan de negocios futuro. Por ejemplo, imagine que ha comenzado a pasar mucho tiempo en la tienda metafísica local. Charla con el propietario cada vez que entra, y él o ella realmente aprecia su arduo trabajo, su pasión y su experiencia en ciernes. Con un poco más de conversación, se da cuenta de que esta persona también se dedica al tarot (así como a otras cosas), y comienza a tomar lecciones semanales con él o ella. ¡Voilà, mentor encontrado!

Paso 4: Tenga Orgullo

Uno de los pasos más importantes para perfeccionarse antes de que pueda iniciar ese negocio futuro es que usted tendrá que mantener un orgullo y una confianza inmaculados, en usted, sus habilidades psíquicas y su conocimiento del tarot. Mantenga una práctica constante hasta que realmente recuerde todos los significados de las cartas; entonces, ¡saque sus habilidades al mundo y sorprenda a algunas personas! Cuando la gente responda positivamente, use esa buena energía para aumentar su autoestima y su sentido de orgullo. ¡Si las personas responden negativamente, recuérdese que probablemente las abordó con la verdad! No se sienta tan mal, y no dude de sí mismo. ¡No importa cómo respondan las personas, recuerde su amor por el tarot, su cuidadoso estudio y su floreciente pasión por compartirlo! Usted está siguiendo su propósito, y eso consiste en seguir su camino con orgullo.

Paso 5: Avance

Una vez que haya trabajado en los primeros 4 pasos, es hora de comenzar a aumentar su alcance. Usted está haciendo conexiones con dueños de negocios locales y está estableciendo una clientela. Ahora es el momento de crear una página de redes sociales para su trabajo para que las personas puedan comenzar a dejar comentarios. Si puede permitírselo, promocione su página para que cualquier persona interesada en la metafísica cercana encuentre su negocio sin problemas. Promocione con volantes, de boca en boca y a través de carteles colocados en espacios públicos que tengan inscripciones para lecturas en ellos. Haga crecer su negocio poco a poco, y muy pronto, ¡se encontrará con un espacio para su oficina o incluso su propia tienda! Solucione problemas a medida que avanza pidiéndoles a los clientes que proporcionen opiniones honestas de su trabajo, y siempre que esté en contacto con su yo superior, se asegurará de tener éxito.

Aplaudo a cualquiera que pretenda convertir su amor por el tarot en una vocación. Si usted se relaciona con este mensaje, estoy orgulloso de usted por encontrar su pasión y por estar tan dispuesto a trabajar con otros como su trabajo en el mundo. También estoy orgulloso de usted por aprovechar su potencial como sanador y maestro de otros. Sé que las cosas pueden ser difíciles para usted en los próximos tiempos, pero seguramente se resolverán a tiempo.

Si encuentra dificultades, dé un paso atrás e intente recordar por qué se sintió tan atraído por el tarot al principio. Si alguna vez se siente abatido, recuerde lo que le gustaba del tarot y lo que le dio cuando comenzó su trabajo. Recuerde esos orígenes emocionantes para curar cualquier malestar, desinterés o desequilibrio.

Prométame que usará sus habilidades para la bondad, la curación y el crecimiento, y, sobre todo: prométame que nunca le mentirá a alguien durante su lectura porque cree que lo está protegiendo. La verdad y el conocimiento son luz, y retener estas cosas de alguien es arrojar oscuridad sobre esa luz. Usted es un trabajador de la luz si se siente atraído por el tarot como una vocación, y ahora es el momento de poner esa luz a trabajar.

Conclusión

A lo largo de este libro, usted ha encontrado información sobre la historia del tarot, cada carta en el mazo, cómo elegir y luego usar su mazo, y cómo el tarot puede cambiar su vida. Ahora, ha terminado de leer cada capítulo, y al llegar al final del libro, ¡merece una felicitación! Bien hecho, y gracias por llegar a las páginas finales.

Ahora es el momento de poner en práctica toda esta teoría. Si usted no ha estado mirando su mazo mientras leía, o si no estaba probando las tiradas, los consejos de memorización y los ejercicios mientras avanzaba, ¡ahora es el momento de comenzar a probar todo!

Ponga sus manos en su hermoso mazo de cartas del tarot y permítase experimentar su belleza, conocimiento y sabiduría de primera mano. Siéntese con sus cartas, tírelas a su alrededor y disfrute de su dominio antes de probar algunas tiradas por sí mismo. Será una hermosa aventura para usted y no le deseo nada más que lo mejor.

Si le ha gustado este libro o lo ha encontrado útil para su práctica de tarot, ¡no dude en dejar un comentario en Amazon sobre lo que más le gustó! Del mismo modo, si cree que mi enfoque podría fortalecerse o cambiarse de alguna manera, hágamelo saber también.

Gracias de nuevo por llegar al final del *Tarot: una guía básica para principiantes sobre la lectura psíquica del tarot, los significados de las cartas del tarot, las tiradas de tarot, la numerología y la astrología*. Espero que haya encontrado útil la experiencia, y le deseo lo mejor en su viaje al tarot. ¡Buena suerte!